新潮文庫

危ないお仕事！

北尾トロ著

危ないお仕事！　目次

第一章　捜査のお仕事

第二章　アタマのお仕事

危ないお仕事！

マンガ・福満しげゆき

第一章　捜査のお仕事

万引きバスター、驚きの実態

僕は
テレビで万引きバスターみたいのを見て以来…
必要以上に安全な客を演じてしまうのです……
盗《と》って…
ないですよー
盗ってないですよー
逆に挑戦してしまうときもあります…
サッ
キョロキョロ
サッ
サッ
ス…
普通の客でしたー…
ピッ
ピッ

スーパーマーケットの私服刑事

万引き。誰でも一度や二度は出来心でやったことがあるだろう。ぼくも高校時代に経験がある。カセットテープや本、Tシャツ。罪を犯している気分はさしてなかった。ほんの軽い気持ち。いま考えるとくだらないが、ぼくにとっての万引きは、自分の腕前を試し、スリルを味わうためのちょっとした冒険だった。

やめたのは、サングラスをいただこうとして、店のオヤジに見つかったからだ。ボーゼンとうなだれるぼくを見て、オヤジは「もうやるなよ」と放免してくれたのだが、一歩間違えば親や警察に連絡されるところだった。以後はやってない。ハシカみたいなものだったのかもしれない。

そんな軽い出来心も、みんなが抱くとなればバカにできない数になる。書店などは万引きで利益が持っていかれ、対策に頭を悩ませている。業を煮やしたある店主が、万引き現場のビデオを公開して話題になったこともあった。

スーパーマーケットなどの大手チェーンになると万引きによる被害が年間〝億〟単位にもなるという。スーパーの粗利は値段の20％程度といわれ、薄利多売の見本のような業種だから深刻な問題。やられるほうはたまったもんじゃないのだ。

そこで〝万引きバスター〟の出番である。正式にはそんな職業はなくて、警備会社の社員なのだが、特殊な専門職といってもいい分野なので、あえてこう呼ばせてもらう。

ふつうの警備員とバスターの最大の違いは制服の有無。施設警備、交通誘導、貴重品運搬、空港保安などを主な仕事とする制服を着た警備員を警官だとするなら、客にまぎれて犯行の瞬間を狙《ねら》うため制服に無縁なバスターは私服刑事といえる。たまにテレビのドキュメント番組で取り上げられることはあっても、内情はよくわからない。

ヤマさんこと山田浩氏（仮名・45歳）はバスター歴5年。いまは転職して別の仕事をしているが、現役時代は〝コワモテのヤマ〟として鳴らした男だ。

「とにかくね、スーパーなんてのは万引きの巣窟《そうくつ》だから、私たちも忙しい。一瞬の油断が被害につながる仕事だからね」

買い物客で賑《にぎ》わう午後のスーパーマーケット。何の変哲もない平和な光景も、バスターたちにとっては緊張感あふれる仕事場だ。ヤマさんは懐《なつ》かしそうに目を細め、取り出したタバコにゆっくりと火をつけた。

「まぁ、客には見えないところでの虚々実々の駆け引きってやつさ。あのころは毎日が万引き犯との戦争だったよ」

商品が外に出て初めて〝万引き〟が成立

万引きバスターの仕事は、店内を巡回しながら怪しい客をマークし、万引きをしたら声をかけて事情を聞き、警察に引き渡すことである。シンプルだ。誰でもできそうな気さえする。しかし、そう単純ではない。

「バスターにとって、もっとも大切なのは〝現認《げんにん》〟。つまり犯行の瞬間を目撃し、間違いなく万引きをしたとの確信がないと、つかまえることができない。CDがなくっているから、たぶんバッグに入れたんだろうじゃダメなんだ。確実に入れた、盗んだ。そして、商品を持ったまま店を出た。ここで初めて犯罪が成立するんだよ」

どう見ても盗んでいるとしか思えない行為でも、店内にとどまっている間は犯罪にならない。誤ってバッグに入ってしまった、買う意思はあったと開き直られたら、それがいくら不自然でもどうにもならないのだ。

そのため、バスターたちは犯人が店の外に出るまで、何時間でも辛抱強く後を追う。盗んだ商品を隠しはしないか、仲間に渡しはしないかを見極め、いま商品がどこにあるかを常に把握する。そうやって、商品がレジを通さずに店外に運び出されたところで、やっと万引き行為が成立するのだ。

流れを整理すると、現認→尾行→声かけ（店外にでたところで）→任意同行・事情聴取→警察引き渡し、となる。

「怖いのは誤認。とにかく慎重にやるよ」

バスターも人の子、見間違いもあるってことかと思ったら、そうではなかった。プロとして経験を積んだ彼らが、犯罪を犯してもいない客に声をかけることなどまずない。まず、やっている。ただ、途中で仲間に渡ったり、危険を察知されて捨てられたりして、あるはずの商品が発見できないことがたまにあるのだ。こうなると一気に立場は逆転。店側は平謝りでは済まず解決するのは容易でなくなってしまう。〝現認〟と、その後の尾行にバスターたちが全精力を注ぐのはそのためなのだ。

なるほど、どんなに怪しくても店を出るまでは客ってことか。モノを盗《と》るのはあくまで第一段階。犯行後、店を出るまでが真の勝負とも言えるわけだ。

「そう。あと一歩というところで尾行に気づかれて、無駄骨に終わることも珍しくないからね。常習になれば警備がまわっていることは百も承知で万引きするわけだから、もうピリピリしてるよ」

「ヤマさんも、それで大物を取り逃がしたりしたんですか」

「いや、私は幸い誤認はなかったけどね。〝現認〟したらヘビみたいに徹底マークしたもんですよ。まあ管理職でもあったので、若いモンが何度かミスしたってことです」

さすがだ。ヤマさんならかなりの万引き犯を捕まえたんじゃないだろうか。

「ハハ、私でだいたい月に50数件ってとこですか。まあ向いていたっていうか、けっこう好きだったというか、研究は欠かさなかったね。でも、あの人にはかなわない」

ヤマさんが言う〝あの人〟とは、月間300件を達成し、〝保安の神様〟とまでいわれた人物で、バスターのなかでは伝説となっているらしい。上には上がいるものだ。

モノを盗もうとする瞬間、人間は必ず悪人面《づら》になる

店の規模にもよるが、一店舗にいるバスターの数は大型スーパーでも数人。守備範囲は広く、食品売場から衣料品、文具にいたるまで、巡回を重ねつつ不審な動きをし

ている客がいないかどうかをチェックしていく。

重点ポイントは時間によって刻々と変化。開店から昼過ぎまでは衣料品売場、物品販売、食品がおもな舞台となり、休憩をはさんだ午後2時から5時までは学生が増えることもあってレコード・CD、ファンシーグッズ、コスメなどの売場に主戦場が移る。

夕方は食品売場。単価の安い商品や、かさばるはずの肉や魚だって、盗るヤツは盗る。換金目当てから、金がなくて晩飯のオカズを盗もうとするヤツまで、万引き犯の動機はさまざま。対象となるのは店にある商品すべてといってもいい。

目標は万引き犯の10人に2人を捕まえること。スタッフ数や〝現認〟から声かけまでの時間を考えれば、そのあたりがせいぜいだ。少ないと思われるかもしれないが、この線をキープできれば「あの店はデキル」と常習者の間で噂《うわさ》になり、犯罪防止効果が生じる。逆にこれより下回ると「あの店はカモ」とますます狙われてしまうのだ。

とはいっても、大半はきちんとお金を払う一般客。数的には圧倒的にそっちが多いはずである。万引き犯の目星をつけるのは相当ムズカシそうに思えるが。

「私ら、見ればだいたいわかる。コイツ、やりそうだなって」

え、見ただけで？　いくらそれが仕事といっても、そんなことが可能なのだろうか。

万引き犯には、何か特徴でもあるのか。

「匂《にお》いだね……」

おいおい、そりゃあキャリア数十年の刑事にして初めて口にできるセリフではないかと思ったが、すでに現役モードに復帰しているらしいヤマさんはかまわず続けた。

「目つきが変わるんだよ。モノを盗もうとするとき、人間はどんなに取り繕っても、悪人面になる。その目つきが匂うんだ」

こいつは怪しい。そう思ったときから、バスターは決定的瞬間を見逃すまいと戦闘態勢に入る。アマチュアの出来心なら〝現認〟も容易だが、常習者やプロのグループもうようよしているのが万引きのメッカ・スーパーマーケットなのだ。

中抜き、筒抜き、胴巻き……。常習者のテクニック

かつてのぼくのようなド素人《しろうと》（店に入ってチャンスがあればやっちゃうレベル）は、バスターの目にかかれば全身に緊張感をみなぎらせて「やるぞ、やるぞ」とアピールしているようなもの。なにせ「匂いでわかる」防犯のプロが相手なのだ。見つかればたちまちマークされ、100％つかまるであろう。

だが、同じ素人でも、最初から万引き目当てでやってくるセミプロ以上となると、さまざまなテクニックを使う。バスターの存在も知っているため、こちらの心構えも変わってくる。

「小・中・高校生でも油断できないよ。おもしろがってやってる部分もあるんだろうけど、いったんうまくいくと、金を払って買うのがバカらしくなるんだろうな。やることは大人並みだから」

では、彼ら〝上級者〟はどんな方法で万引きするのか。ヤマさんに解説してもらった。
★落とし込み……一般的な方法。手に持った商品を手提げバッグに落とす。
★中抜き……商品パッケージの中身だけを盗む手口。商品を確かめるフリをしながらヒョイである。かさばらず、売場がとられたと気づくまでに時間がかかりバレにくい。
★筒抜き……そでに商品を隠す盗み方。アクセサリーなど小さなものでよく使われる。掌《てのひら》に商品を載せ、さりげなく甲を上にしながら指先で放り込む。瞬間芸に近いので〝現認〟が困難なテク。しかも、現場を離れてから盗んだものを他の場所に移動することが容易なのでやっかい。

★籠《かご》抜け……店の買い物かごを持ったまま、レジを通らず外に出てしまう手口。そんなの一発でバレそうだが、あまりの大胆さにかえって成功率が高いという。ショッピングカートを押して店を出て、堂々と車に詰め込んで去ってしまう強者《つわもの》もいるらしい。また、籠抜けではないが、試着した服を着たまま出ていく手口も多い。ヤマさんがいた店では250万の毛皮をやられたことがあるという。

★胴巻き……ベルトなど、試着するように見せかけて、巻いたまま上着で隠してしまう。つかまえたら胴のまわりはベルトだらけだった、なんてこともある。犯行を確認するには身体検査が必要で、大がかりにもなる。最近は業を煮やした店側が、試着室への持ち込みに制限を加えるようになってきている。

★送り……盗った品を仲間に渡す行為。万引きは単独犯だけじゃないのだ。送りをうまくやられると品物のありかがわからなくなり、誤認のリスクが高くなる。とられたことがわかっていながら犯人を見送るしかない。このパターンが、バスターにとってもっとも屈辱的な〝敗戦〟だ。

「ナイフを持っているのも多いね。シール切りっていうんだけど、タグとかとっちゃうんだよ。そうすれば、この店で買ったんじゃないと言い張れるだろ。ま、こっちはそんなのお見通しだから、尾行段階で警戒するけどね」

　タグ外しなどの作業はトイレで行われることが多いから、犯人がトイレに入ったら他の警備員を呼んで調べる。

「タグさえとれば安心するのか、意外に流すヤツは少ない。はずしたタグはたいがい、どこか目につかない場所に置いてるね」

　現物を入手できれば、言い逃れはきかない。言い換えれば、ここまで手間暇かけないとパーフェクトな仕事とはいえない。10人中2人しか捕まえられないのは、そうした背景があるからでもある。

店内のアナウンスはバスターに送られる暗号

　一方、バスター側も、ただ手をこまねいているわけではない。店内を流しながら巡回していることもあるが、本格的にやるなら根っこを断たねばならない。それが居待ちである。あらかじめ入り口付近に待機し「匂う」客が来たらすぐに対応するのだ。

「例の〝保安の神様〟は、居待ちで7割の確率だったらしいね。10人怪しいとニランだら7人は万引きすると。私はそこまでじゃないけど、だいたいわかるもんですよ」

一見《いちげん》客にただならぬ気配を感じることもあるが、居待ちが効果的なのはリピーターを発見できることだ。常習者、確信がなくて取り逃がした犯人などは、向こうが知らなくてもこっちは知っている。彼らは盗むためにきているのだから、失敗しなければ高確率で〝声かけ〟に持ち込めるのだ。

まずは客を装《よそお》いながらの追跡である。犯行までは、ひたすらウォッチするのが仕事。バスターがいることを意識させず、犯行させればいい。だから、けっしてロコツに近づいたりはしない。

では、どこから観察するのか。陳列棚や相手の死角を巧みに利用するのだ。犯人が、〝しめしめ、このシマには誰もいない、いまがチャンスだ〟とカニ缶の落とし込みをする。しかしそのとき、バスターは反対側のシマに陳列されたカップヌードルの山のスキマから注視している、というように。

相手のカンが鋭い場合や複数のケースでは、バスター側もチームプレーで対抗する。とくに、目が合ってしまったときなどは、すばやく交代し、さとられないように尾行を続けなければならない。

「小型のトランシーバーを持つこともあるけど、目立つから私はあまり好まない。それよりは符丁で情報を伝達するほうがいい。アナウンスですよ。スーパーなんかで、よくアナウンスが流れているでしょう。あれ、たいていは符丁なんだよね」

たとえば「四番町の○○様」の、四番町は警備員(バスターたち)を指す。「四番町の○○様、3階△△売場までお越しください」だったら、その意味は「3階に怪しいのがいるからすぐきてくれ」だし、「~電話が入っております」は交換を通して仲間から緊急連絡が入っていることを示すという具合だ。

このあたりの連携プレーはバスターたちと店のスタッフ、交換手が一体となって行う。何気なく買い物をしている一般客の気がつかないところで、万引き犯を逃さないためのめまぐるしい情報戦が繰り広げられているのである。

客だけじゃない。敵は内部にもいる

「手強《てごわ》いのは、なんといってもグループで仕事する連中だよ。たいてい3人組で、役割分担もある。私らの間じゃ見張りのことを〝シキテン〟、壁役(周囲から犯行現場を見られないようにする)が〝幕〟、実際に盗むのを〝真打ち〟と呼んでるけど、他にオトリを用意しているグループもあるから苦労するよ」

シキテンが目を光らせている上に、幕がガードしているので〝現認〟は困難。しかも、盗んだ後いつまでも、真打ちがブツを持っていることはまずないから、どこにあるかのチェックにも骨が折れる。

バスターたちは全員息を合わせ、入れ替わり立ち替わり後を追う。もう総力戦である。叫び声もなく、血も流れない、静かだが息苦しい攻防。売場から売場へ、階下から階上へ、どんどん場所を変えながら、ときには数時間も続けられる。大きなグループは決定的な機会がくるまで泳がせておくこともあるという。

「小物をひとりつかまえても、また攻めて来られちゃしょうがないからね。ガマンして見逃すのさ。油断させてスキを突く。こういうときは燃えるよね。こっちは全部証拠を握って万全の態勢で応援スタッフも呼んである。で、店外に出たところで、あえておだやかに言う。『すいません、レジを通らない商品をお持ちじゃないですか？』。やったのはわかっていても冷静に。気持ちいいよね。この仕事の醍醐味《だいごみ》でしょう」

では客にだけ気をつけていれば万全か。そうではない。敵は内部にもいる。実は、スーパーにおける万引きには、店で働くスタッフの犯行も含まれるのだ。

「盲点だけど、けっこう多いね。レジ係と組んでいれば楽勝でしょう」

内部犯行は、チームでやられたら発見するのが容易でない。疑わしいと思っても、うかつに行動にでると〝身内を疑うイヤなやつ〟と悪口を言われかねない。

給料が安いんだから少しぐらいは見逃してやるか、という温情もないわけではない。それでも心を鬼にして、万引きバスターは犯行を追う。その結果、大がかりな組織的犯行が発覚し、主犯格がクビになったこともあった。

一度だけ犯人に心から同情した

やっと成功したと思ったら、万引きバスターに声をかけられる。犯人とすれば不意をつかれる格好だ。反応はどうなんだろう。人間って、素直に罪を認めるものなのか。

「とんでもない。そんなのは1割もいないよ。いきなり走って逃げるのもいるし、グループだと逆に取り囲まれることもある。ある意味、怖い仕事なんだよ」

商品の在処《ありか》を指摘しても、観念するのは3割か4割。この期《ご》に及んでも、しらばっくれる輩《やから》が半数を超すという。

捕えたら、任意同行をうながし、バックヤードと呼ばれる控え室みたいな場所で事情聴取を行うのが普通。泣き落としや言い訳は腐るほどあるが、耳を貸していたらきりがない。バスターの仕事は、身元引受人や警察に連絡して、身柄を引き渡すことなのだ。犯人を勝手に許したりはできない。

ヤマさんもいっさい私情ははさまないプロだった。が、一度だけ心から同情したことがある。赤ん坊用の靴と新生児用の靴下を万引きした若い女だ。妊娠5カ月で彼氏に捨てられ、金もなく、3日間ロクに食べず、帰る家もない。それでも自分のものではなく子供のものを盗《と》った。所持金は数十円だった。

「あのときは、さすがに泣けたね。警察に引き渡すのを唯一《ゆいいつ》ためらったよ」

犯人はあらゆる年齢層、職業に及ぶ。何度つかまっても懲《こ》りない常習者。身元を聞いたら裁判官の息子だったこともある。高校生の中には盗品を学校で売りさばくグループもいた。泥棒市場である。

「警官の娘もいたね。出来心だ、はじめてだなんて言っても、7万8千円も盗んでるんだからシャレにならないよ」

なかには母と娘がコンビになり、盗みまくっていたケースもあった。2人で10数万円分。商品数は軽く１００点を超えていた。

ところで、俗に生理中の女性は衝動的に万引きしてしまうことがあるなんていうけど、あれはどうなんだろうか。質問すると、途端にヤマさんは首を振った。

「どう見たってあがってんだろってバアさんが、生理中でなんて言われても、言い逃れって気がしてならないね。それより私が思うに、金持ち風のオバサマの万引きには欲求不満型が多いような気がする」

ダンナにかまってもらえない、かといって浮気もできないし男も寄ってこない。そんなストレスの解消手段としての万引き。

「ドキドキしたいんだと思うんだよね」

う〜ん、そういうもんか。であれば、万引きバスターとて人間。人の弱みを握る職業だけに、後で恐喝したり肉体関係をせまるケースもありそうだが。

「ドラマだったらね。実際には99％あり得ない。というのも、バスターの9割以上は中年のおばちゃんなんですよ。職務の忠実さ、売場に溶け込む能力とか、この仕事は女性向きだから。私なんか例外的な存在」

「あのポケットの膨らみ。8割がた、やってるね」

万引きバスターの仕事ぶりはだいたいわかった。が、話だけではリアリティってもんがない。ぼくはヤマさんに頼み、一緒にスーパーに行くことにした。

昼間のスーパーは閑散とし、客はゆったりと買い物をしているように見える。だがヤマさんはそんなところを見ちゃいない。開口一番、こうだ。

「これじゃやりたい放題でしょ」

我々が階上に上がっていっても店員が背中を向けたまま仕事に熱中し、誰もチェックの視線を浴びせてこないのは無防備な証拠。もし我々が万引き犯なら、そのわずかなスキにかなりのものが盗めたという。でもなあ、彼らだって自分の仕事が……。

「だめだ。それじゃ通用しないよ!」

ヤマさんがさっきまでとは別人のようなイキイキした表情になっている。5年のブランクもなんのその、現場に入れば血がわきたつのだろうか。

食品売場に移動したヤマさんがターゲットを探し始めた。無理だろう。この平和な空間に万引き犯などいるはずがない。張り切りすぎだよと思ったとき、すれ違った上品な女性にヤマさんの目が光った。

「いまのおばさん、やるかもしれない」

まさか。

「じゃ、なんでバッグのチャック、わざわざ開けてるの。不自然でしょ」

言われてみれば開いている。ぼくがおばさんの顔を見ているとき、ヤマさんはそんなところを見ていたのか。この男にはスーパーの客すべてが犯罪者予備群に見えているのかもしれない。と、またヤマさんの目がキラリ。

「うん、あのデイパック背負った女の人いるでしょ。あの人が警備かもしれないね。我々をちらちら見ているし、目立たないように行動しているよ」

おそらく、この時間帯のバスターは彼女ひとり。空いたフロアには目をつぶり食品売場に全力投球、ということらしい
よし、ここはまかせた。我々はもっと混雑しているディスカウントショップに移動した。商品を雑然と並べているだけに、万引き犯に狙《ねら》われやすいはず。ねえヤマさん。

「え、あぁ、うんうん。それよりこの店の防犯カメラ、おもちゃが多いね。本物は半分くらいしかない。威嚇《いかく》効果は多少あっても、全体的に緩いな」

またまた、いきなりの指摘。しかも、休む間もなくヤマさんは２人組のターゲットを発見した。

「移動しながら死角を探してるよ。左手に毛染めかなにか持ってるでしょ。スキがあればやる気だね」

ぼくの目には、この手の店でヒマをつぶしているだけのようにも見えるのだが。

「いや、たぶんやります。う～ん、それにしても、ここはいっぱいいるね。化粧品なんかぼんぼん抜かれてる」

確かに前列ではなくその後方だけ商品がなかったり、不思議なことはたくさんある。

やられているのは本当のようだ。

「甘いよ、甘すぎる！」

もう黙って見てはいられないヤマさんであった。激しく店内を動き回り、〝現認〟の機会をうかがっているようだ。

「いまの男も気になる。嫌な目してるよ」

どんな目だよ。現在、この店でいちばん目つきが悪いのはヤマさんだろうに。それよりターゲットを絞ったほうがいいのでは。

「見てますよ。さっきの2人組はCD売場にいるけど、あそこは警戒厳重だから動けない。ほら、買ったでしょう」

そりゃ盗まなければ買いますって。が、ぼくの意見にはおかまいなく捜査は続行。しばらく泳がせた後で、また2人組をマークする。

「あのポケットの膨らみ。8割がた、やってるね」

ポケットをのぞきに行ったヤマさんが言い切る。が、相変わらず毛染めは左手にある。しかも、それはちゃんとレジで買っているではないか……。

表に出ると通りの向こうで2人組がタバコやジュースを買っていた（ように見えた）。

「万引き犯は店を出たら近くでブツを分けるんだよね。やってるよ。典型的」

そう言って美味《うま》そうにタバコをくゆらすヤマさん。オレが現役だったら、絶対に〝声かけ〟に持ち込んだのに……と、表情が語っている。その横顔にぼくは万引きバスターの真骨頂を見た。

「浮気調査承ります」私立探偵たちの素顔と現実

探偵…
そりゃ男なら一度は憧れるでしょう!!
しかし僕は探偵ではない…
そして世の中に探偵という職業が存在しているという事実がある以上…
自分自身も尾行されているという可能性を常に考えて行動するべきなのです
むっ
チラ…
くっ
ズルーズズ
うまい
わはは!
あはは
ぐー…

依頼人は20代後半の人妻だった

「……夫には浮気グセがあって、以前にもデパートの女性と浮気していたことがあるんです。そのときは私が気づいて責めるとすぐに別れたみたいなんですけど。でもまた最近になって様子がおかしくて」

「おかしいというと？」

「前は作業着で通勤していたのに、このところ私服で通うようになりました。それに……セックスもしばらくありません。あと、見たことのない下着をつけて帰宅したこともあるんです」

「下着を？　自分で買ったんじゃないですか」

「いえ、主人はそういうことには無頓着《むとんちゃく》な人ですから」

「そうですか。で、奥さんとしてはダンナさんがまた女を作ったんじゃないかと思われるわけですね」

「はい。それに私、偶然なんですけど見たんです。夫が見知らぬ女性と車に乗っているのを」

「女性ですか、間違いありませんね」

「ええ。30代半ばくらいの女性でした」

応接室から盗聴マイクで拾ったナマナマしい会話を、ぼくは隣の部屋でヘッドフォンをつけて聞いていた。

ここはある興信所。夫の浮気疑惑を訴えているのは依頼人で、話を聞いているのが探偵でA社代表の乾《いぬい》秀樹氏（仮名）である。もちろんヤラセではなくて本物の依頼。ヤラセだったらイヤだなと思って、依頼人が来る寸前に「会話を盗聴マイクで聞かせてくれ」と頼んだのだ。実際には30分以上に及んだ会話の様子や、その後の捜査の展開からも、これが乾氏による〝仕込み〟である可能性はゼロだと確信できる。

ぼくの目的は浮気調査の同行ルポ。いったい興信所ではどんな仕事をしているのか、調査能力はどの程度なのか、プロのテクニックとは……。わかりにくい興信所や探偵の仕事ぶりをのぞくには、現場を体験するのがイチバンということで、今日は一日探偵の見習いをすることになったのだ。

探偵は長い間ぼくの憧《あこが》れの職業だった。とはいっても、ガキの頃からシャーロック・ホームズやエルキュール・ポアロが好きで推理小説を読み漁《あさ》り、高校生の時には「傷だらけの天使」にシビレ、そのまた後で「探偵物語」に夢中になったという、ありがちなパターン。まあでも、世間にはぼくのように、本やテレビの影響で探偵にボンヤリとした憧れを持っている人も多いだろう。

だが現実的な話をすると、日本の場合は探偵事務所より興信所が一般的で、警察と共同で捜査することもできず武器の携帯も禁止。しかも、設立するのに資格もいらなければ免許もいらない。

そのため良心的なところから超悪徳興信所まで入り乱れているのが実状で、どこが良心的なのかを判断する基準もない。調査費用も各社バラバラ、調査能力も千差万別という信じられない業界になってしまっている。とにかく仕事そのものが人の秘密を探ることと直結しているから、さる業者に聞いた話ではヤバイ組織と裏で結託して有力者の弱みを握って脅したり、経歴を偽って堂々と営業したり、裏口入学の斡旋《あっせん》をしている悪質なところもあるという。でも、そういうところにかぎって調査能力が高かったりするらしいんだよね、皮肉なことに。

そこで今回は、複数の人間から推薦されたA社を一度訪れ「ここはまともなのではないか」という感触を得て、もっともポピュラーな依頼のひとつである浮気調査の同行取材を申し込んだ。ま、早い話がボスの乾さんと話していて、この人なら信用できそうだと思っただけなんだけど。

　待つこと約半月。ようやく乾さんから「出ましたよ、浮気調査が。調査日もはっきりしているみたいだし、ちょうどいいんじゃないですか」との電話があり、こうして依頼人の話を聞いているというわけだ。

「今日、会社が引けてから帰宅するまで調査をお願いします。遅くなると言って出ていったので、たぶん……」

　依頼人の話は続いている。

「空振りかもしれませんよ、それでもいいんですか。料金は1日の調査で20万円になりますけど」

　乾さんが料金を提示する。相場はわからないが、安いとは思えない。今夜、もし夫がまっすぐ帰宅したとしても、その金は戻ってこないのだ。でも女はOKした。確信があるのだろう。すでに彼女は離婚を考えているらしく、浮気の証拠をつかんで慰謝料を請求したいとのモクロミもあるようだった。

「わかりました。ダンナさんの写真は持ってきましたか？　それから退社時間は？」

「6時ですが、着替えて6時15分ぐらいになると思います。車は駐車場に置いてあります。ナンバーは……」

「じゃあ、とにかく1日やってみて、証拠がつかめなければ今後の対応はまた考えましょう」

事務的な話を終え、依頼人が部屋から出てくる。推定年齢28歳。白地の刺繍《ししゅう》が入ったTシャツに紺色のスラックス姿の人妻は細身の美人で、ごくフツーの主婦といった感じだった。そして、彼女が持ってきた写真に写っていた夫も、ごく平凡な勤め人に見える。

乾さんによると、浮気調査の場合はこういうどこにでもいる人たちが依頼人になり、高い調査費を出して妻や夫の素行を調べるケースが大半とのこと。興信所の探しかたはタウンページや街頭の広告、看板が中心。せっぱつまった依頼人は、広告ひとつで電話をかけてくる。事務所まで足を運んだ客は、80％以上がその場で調査を依頼してゆくのだそうだ。

尾行に下見は欠かせない

「どうですか北尾さん、おもしろかったでしょう」

依頼人を見送ると、乾さんはうまそうにタバコを一服し、笑いながら話しかけてきた。スーツに派手なネクタイを締めたこの道28年のベテラン探偵は、余裕シャクシャクの表情だ。

「おもしろいというか、まるで2時間ドラマの出だしみたいですね」

「ははは。もし本当に浮気してたらますますそうなりますよ」

「でも、1日20万円は高くないですか」

その日で済めばいいが、何日もかかればすぐに100万とかになってしまう。

「その点は我々もケースごとに考えますよ。基本は20万円ですが、1週間張り込めば140万というように単純にはいかない。依頼人の予算も聞いて、臨機応変にやるということです。ただ、今日みたいにまず1日だけ20万でやるようなときは、スタッフも多く使うし、証拠写真を添えた報告書作りまで含めると決して高くはないと思いますがね」

浮気調査の場合、A社では通常1ヵ月の猶予《ゆうよ》期間をもらって、1週間から10日かけるつもりで調査を行う。手順は、下見→現場→浮気相手の身元調査の順。下見は調査ターゲットの顔や特徴、車、退社時間と帰宅ルートなどの予備調査。これがしっかりできるかどうかで調査の成否が決まると言われるほど重要なものだ。

現場調査では、尾行したり写真を撮ったりする。もっとも探偵らしい活動だが、張り込みなど地味な仕事が多いので忍耐力がないとできない。地方都市にあるA社では尾行に車を使うことが多いが、歩きや電車のケースもある。

サラリーマンやOLを尾行するには顔や髪型、服装をアテにすると失敗の原因になるそうだ。プロは男だったら肩、女だったら足首を見ながら尾行する。こうすれば混雑時でも見失う確率が少なく、男は髪型やスーツの柄、シャツの柄、カラダのシルエットまで記憶でき、女は靴の形状、脚のライン、歩き方が目に焼きつくうえに、振り向かれても目が合う危険がない。

身元調査は、家さえ突き止めればカンタンだ。尾行すれば勤務先がわかるし、住所をもとに家族構成から履歴まで調べられる。裁判ざたになった場合に備えて相手の支払い能力をチェックすることなどわけないのだ。

「さて、下見に行きますか」

6時まではまだ2時間以上あるので事務所で待機するのかと思ったら、乾さんは早くも出かける態勢。勤務先からの尾行にどうして下見が必要なのかと尋ねるぼくに「もし渋滞や事故にでも遭って遅れたらどうにもならないでしょう」と渋く言い放った。

「さすがに早すぎると私も思うけどね。新米調査員（ぼくのことだ）にレクチャーしなくちゃいけないし、雰囲気に慣れてもらうことも大事ですからね。足を引っ張らないようにお願いしますよ。おい、車の準備だ」

低い声で話しつつスタッフに指示を出す乾さんはカンロク十分。ぼくは心のなかで「がんばりますぜ、ボス」と気合いを入れ、彼の車に同乗した。

4時半、ターゲットが働く大型電器店から少し離れた路上に停車。無線で他のスタッフと連絡を取り合っているところにOキャップが到着し、打ち合わせをして先に現場に向かった。

「今日はね、計4人、4台の車で尾行します」

「そんなに？」

「北尾さん、我々の仕事っていうのは失敗が許されないんですよ。絶対にターゲットを逃さないように二重三重に固めるのは当然じゃないですか」

む。さすがは仕事人だ。

「獲物《えもの》を追う獣、ですかね。はは」

ちょっと雰囲気作り過ぎじゃないのか、ボス。今日は取材ってことで全力投球してるようにも思うが。

それにしても、尾行車はすごい装備だ。電話は依頼者への連絡用（調査状況を刻々と伝える場合に使用する）と事務所連絡用の2本。無線はスタッフとのやり取り、事務所、自分専用の3本。その他にビデオ、車によってはカーナビもある。バッグには望遠レンズつき一眼レフカメラ、テレコ、カバーをつけた状態で撮影できるように穴を開けたコンパクトカメラなど。そして車はもし尾行に気づかれてナンバーが割れても大丈夫なようにレンタカーを使っている。まるで動く探偵事務所だ。興奮するなあ。

「書類撮影や超接近用にミノックスの超小型カメラもありますよ」

「じゃあ、スパイみたいに忍び込んで書類を撮ることもあるんですか」

「ふふ、あるね。盗聴もしますよ。違法行為ですが、リスクを冒さないと得られない情報もあるのでね」

そうなのか。A社の調査方法は足で稼ぐデカ的な捜査方法より、ハイテクを駆使した現代的なものなのだ。そういえば事務所には盗聴器各種に盗聴器探索機、ペンマイクやレーダーなんてものもあったしな。聞くと、小道具に凝るのは実用性が半分で、あとはボスの趣味と依頼人の信頼感を得るためとのことだった。

「今日の尾行に失敗するようなことがあれば、次は発信器をつけて追跡することになりますね。我々は狙《ねら》った獲物は逃がさない……」

相変わらずハードボイルドなムードを漂わせながら乾さん、いやボスが言った。

探偵たちはチームプレーで獲物を追う

5時半には電器店裏の駐車場へ移動。あとの3台はそれぞれ別の駐車場や路上ですでに待機している。ぼくは尾行が始まる前に立ちション。

「えー、ターゲットはジーパンに白いポロシャツを着てます。シャツには緑系の柄が入ってます、どうぞ」

店に入って夫の姿を確認した0キャップから無線が入る。

「了解、写真撮っとけよ」

「何枚か撮ってます」

もう仕事は始まっているのだ。が、むやみに緊張しているのはぼくだけで、みんなはまだリラックス。無線で冗談を言い合っている。

「ズボンの前ふくらんでませんか、どうぞ」

「ちょっとふくらんでるようです、どうぞ」

「いま、何やってる？　何時までここにいるか聞いてこいよ、ははは」

「ついでに今日は浮気ですか残業ですかって聞いてきましょうか？」

つられて笑っているうちに、夫は着替えを済ませ、車に乗り込んだ。いよいよ尾行開始だ。現在6時2分。終業時間後、わずか2分で出てきたことになる。

「やっこさん、相当イレこんでるようだな」

不敵な笑みを浮かべてボスが車をスタートさせた。いいなあ、やっこさんなんていまどきテレビの刑事ドラマでもなきゃ聞けないセリフだよ。ボスの読みでは終業後30分で出てこなければ本日の浮気はなしってことだったから、手応《てごた》えを感じているんだろう。ということはやはり……。

「じきにわかりますよ。それより運転が荒くなりますから気をつけてくださいよ」

男はまず国道に出た。ボスの車を先頭に4台の尾行車がスッとあとにつく。

「はい、いま写真いいですよ」

ボスに言われ、慌《あわ》ててシャッターを切る。すぐ後ろの車の助手席から一眼レフで撮ったりしてバレないのだろうか。少々不安だ。

「大丈夫、助手席は意外に死角なんです。それに、やっこさんはまだ我々の車を意識してない。見てると割に神経質そうだから、これからは慎重に」

そんなことを話している間に０キャップの車が前に出て、ボスが下がった。続いて別の２台が隣の車線を上がっていく。なるほど、行き先のわからない尾行では、相手が急に車線変更しても対応できるようにしておかなければ困るのだ。混雑した道路で、我々の４台だけがカーチェイスをやっている。誰かが信号に引っかかっても「赤タン(赤信号)です。誘導してください」の無線で再び追いつけるから、アセる必要がない。

「信号右折ですね。これ、女のところに行くんじゃないですか」と無線が入った。地図で確認すると確かに自宅とは反対の方向。しかも幹線道路から外れている。こうなると４台の尾行では目立ちすぎるので、２台が曲がって、離れた位置に下がる。ボスの車は３台目。男からは１５０メートルほどの距離だ。

「車はコンビニで停まりました」

先頭の車から無線が入ると、２台がコンビニをやり過ごして前方で待機、１台は信号を左折してＵターン。ボスの車も脇道《わきみち》へ停車して様子を見る。

男はぼくのいる場所からわずか3メートルの公衆電話で何か話している。女に電話しているのか。とにかくここは、男と目があったりしないように息を殺して待つのが尾行ってもの……じゃなかった。なんとボスはコンパクトカメラで写真を撮っていた。

「やっこさんは話に夢中だからね。ときには大胆不敵に行動することも必要なんだよ」

尾行開始後30分。ついに浮気相手が来た!

女に電話しているのなら、家は近くのはず。再び走り出した男を追う我々は、いつでも停車できるよう気をつけながら尾行を続行。男が小さなスーパーの脇に停車すると、スタッフのひとりがさりげなく車を降りて歩き出す。さらにもうひとりは軽トラの陰でカメラを構え、シャッターチャンスをうかがう。

ここが最初の決定的場面なのだ。冴《さ》えないスーパーの横で女を待つ男。そして道路を挟んだこちら側では、探偵たちも女を待つ。1分、2分、3分。女はやってくるのだろうか。

「間違いなく来ますよ。むしろ問題は女の家に行くのか、それともどこかに出かけるのか。それによっちゃあ、こっちの動きも変わってくる」

ボスが言ったとき、無線から「いま来ました……乗ります」の声。女が来たのだ。

やはり男は浮気していたのである。

「了解。Oさん前に出てください」

冷静なボスの指令でまた尾行が始まる。

「女の顔、見えましたか、どうぞ」

「はっきりは見えませんでしたが30代くらい、地味な感じです、どうぞ」

これで本格的に仕事にかかれるせいか、張り切った声がなんだかうれしそうだ。

「依頼人が見たっていう女と年齢が合いますね。浮気っていうからどこかの店の女かと思っていたんですが、こりゃ不倫だ」

ぼくが言うとボスが無言でうなずいた。

「でも、ひとり暮らしなら女の部屋で食事するパターンもありですよね。てことは、これは女の方にもダンナがいる可能性が高いんじゃないですか。W不倫ですよきっと」

新米探偵の北尾、せいいっぱいの推理である。が、ボスは首を振る。

「北尾さん、決めつけちゃいけませんよ。ていうのはね、待ち合わせの場所がスーパーの横ってのが引っかかるんだ。亭主持ちがあんな誰に見られるかわからない場所で男の車に乗り込むかどうか。独身か離婚した女の線も十分あるね。デート気分で食事に出るってところでしょう」

ボスの推理には、経験に裏打ちされた説得力がある。それにしても、おとなしそうな30過ぎの女房持ちと、年上の地味な女のカップル。いったいふたりはどこで出会ったんだろう。

「店じゃないかな。あのダンナにはたいした趣味もないし、仕事も忙しい。飲み屋で知り合ったんじゃないとすれば、最初は買い物客だったと思いますよ」

だとすれば、ずいぶんお手軽な恋愛だなあ。平凡な男と女が車で楽しそうに話しているのを後方から見ていると、不倫なんて本当にそこらじゅうで行われているんだなと思えてくる。

「そうですよ。最近は主婦の浮気がものすごく増えてるよね。ほとんど女性不信になりそうなほどですよ」

無線によると、前のふたりは話に熱中してまったく尾行に気づいている気配はない。広い幹線道路に戻ったので、我々は3車線をカバーしながら追走。もう帰宅ラッシュのピークは過ぎたのか、一般車に邪魔されることもなくあとを追える。

時計を見ると6時45分。尾行開始からまだ1時間も経《た》っていない。

おいおい、ファミレスで食事かよ

順調に走っていた男の車が国道でUターンするハプニングに一瞬緊張が走った。だが、男はもう一度Uターンして、元のコースに戻る。

「コンドームを忘れたんで薬局に行こうとしたんじゃないでしょうか、どうぞ」

トボケた声で状況を分析するのはOキャップだ。

「それだったらホテルにあるわよって女が言って、またUターンしたんですかね」

誰かが突っ込む。ぼくとボスは、彼ら探偵の軽妙な会話を聞きながら大笑いしていた。いつもこんな感じでジョークを言い合い、退屈をしのいでいるのだそうだ。ぼくにとっては刺激的な尾行も、彼らにとっては日常業務。とくに浮気調査ほどありふれたものはないらしい。

「あ、右折します。食事するようですよ」

カップルはファミリーレストランに入った。ボスの車がゆっくり駐車場に入って行くと、すでに探偵たちは車を降り、何事か相談している。店内を見に行ったスタッフが「窓際《まどぎわ》です」と小声で言った。てことは30分はかかるな。シートを倒して横になるか……。

だが、ボスは「北尾さん、ぼくたちも食事しよう」と言い、店に入っていくのだった。しかも座ったのはカップルの斜め後ろの席である。ぼくはボスの指示で、ふたりに背を向けて着席。ボス自ら様子をうかがう構えだ。

「食べておかないと、いつ食べられるかわかりませんよ」

そりゃそうだが、いいのかね。ふたりの顔が見えるってことは、ボスの顔も丸見えなのでは。

「平気ですよ。ビビるとかえってよくない」

「そんなもんですか」

Oキャップともうひとりも店に入ってきた。彼らは離れたカウンター席に座り、チラチラとカップルを観察している。残ったひとりは……。

「外から写真を撮ってますよ」

窓の外を見ると陸橋の上に人影が。あそこから望遠レンズで食事中の写真を狙っているのか。これで調査報告書の文面にはしっかり証拠写真が揃《そろ》うわけだ。さすがに1日20万、やることが徹底している。

「北尾さん、動かないで！ そのまま右腕を少し脇から離して」

げっ、ボスがいつのまにかコンパクトカメラを取り出している。そして、腕と脇のスキマにカメラを近づけて、立て続けに何枚かシャッターを切った。神経太いぜボス。思い切って、トイレに行った帰りに女の顔を見る。探偵が言うように、どこといって特徴のない、おとなしそうな女である。年齢は35歳ぐらいで、服装は紺のTシャツにベージュのスカート。男をソソる悪女タイプではないか、という期待は大外れ。はっきり言ってオバサン臭く、外見的な魅力には乏しい。いったいどうして、この女と浮気するのか理解に苦しむ感じだ。

しげしげ眺めていたら女と目があってしまったが、すぐに視線は男を向いて幸せそうに笑っている。そうだよな、いくら不倫しているといっても、まさか探偵に包囲されて食事しているなんて思わないよな。ぼくは席に戻り、スパゲティを胃袋にすばやく詰め込んで店を出た。エンジンをかけていつでもスタートできる状態にしておいて、ふたりを待たなければならないのだ。

「あの女の人、男を独身だって思いこんでるかもしれないですね。それに、ダンナだってあんな地味な女を選ぶってのは、じつは依頼人が悪妻だからかもしれない」

ぼくは、店で考えていたことをボスに言ってみた。そういうことを探偵は考えないのかと気になってしまったからだ。

「それは考えないし、考えちゃいけないんです。どんな事情があるのかはわかりませんよ。でも、浮気はいいことじゃない。だから我々は浮気をしているあの男を悪党だと思うし、真の姿を暴《あば》こうとしてるんですよ。あの女にしても、我々にとっては依頼人の夫を寝取った女に過ぎません。探偵に必要なのは、なんていうのかな、そういう種類の正義感なんですよ。そうじゃなかったら、この仕事はできないね」

依頼人の言うことを信用し、依頼人のために真実を調査する。それができない仕事だと思えば断る。このポリシーを守らないと、探偵はたちまち悪事に利用されたり、良心の呵責《かしゃく》にさいなまれておかしくなってしまうとボスは言うのだった。

不倫カップルはモーテルに

レストランを出たふたりは高速道路のインターチェンジ付近へ向かい、50軒以上のモーテルがひしめく欲望エリアに何の迷いもなく入っていった。

こういうシーンはテレビで何度も見てきた。陳腐なシーンだと思っていたけど現実そのままだ。

「食ったら即ですよ、乾さん」

「このふたり、おそらく長いね。浮気が始まって半年は経ってるだろう」

ふたりはSM関係で男の車にはムチやローソクが入っているかもしれないし、変態プレーの愛好者かもしれない。ぼくも、もう何があっても驚かない気分になっている。

7時41分、車は「V」というモーテルに滑り込んだ。と、Oキャップの車があとから続いて入ってゆく。聞くと、車から降りるところの写真を隠し撮りしたらしい。またしても大胆な行動である。

しかし、部屋まで入っていくことはできない。4台の車は裏口付近で待機することになった。ふたりが出てくるまではすることがないので、車から出て雑談に花を咲かす。

「まさか朝までってことはないだろうけど、何時までかかるかわからないですね」

「いや、急いで8時前のサービスタイムに入ったから、泊まり料金になる10時までには出てくるでしょう。金にも時間にも余裕のあるカップルには見えないから」

ぼくが尋ねるとOキャップが鋭い読みを披露してくれた。あたりには人影もなく、ときおり盗聴マニアらしき車が超低速でソロソロと走ってゆくだけ。探偵は缶コーヒーを飲んで、じっと不倫カップルを待つのみである。この段階で、調査は終盤に入っている。証拠写真もたっぷりあるし、あとは女の身元調査をしっかりやれば万全というところだ。だが、調査報告書を書くためには、男が自宅に帰り着くまで追わなければならない。

「そろそろ張り込むか」

9時になったので車に戻り、いつ出てきてもいいように配置につく。ひとりは例によって撮影のため出口を狙《ねら》ってカメラの準備。ぼくとボスは出口がよく見える空き地で待機し、あとの2台はどっち方面に走り出してもいいように、道の角で無線連絡を待つのだ。こうすれば、ボスの車をすぐに動かして怪しまれる危険性なしで尾行ができる。

怒りのボスが描く、浮気亭主滅亡のシナリオ

ふたりが出てきたのは9時29分だった。走り出して最初の十字路で2台がさりげなく後ろにつき、ボスとぼくはその後ろ。今夜、何度も繰り返された見事な連携プレーだ。もしぼくが尾行されたとしても絶対に気づくことはないだろう。

「すっきりした顔してたか、どうぞ」

モーテルの入り口で撮影していたスタッフに無線で質問が飛ぶ。

「そうですねえ、表情はよくわかりませんでしたが、こころなしか石鹸《せっけん》の匂《にお》いがただよっていたような、どうぞ」

うまく仕事をしたという余裕か、軽いジョークが連発され、空気がなごむ。

しかし、これで家に帰るのかと思ったら大間違い。ふたりはなぜか河原に車を乗り入れようとする。情事の余韻をかみしめているのか。どうしてあんたたちは次々と、テレビドラマのような行動を取りたがるんだ？

河原にはカップルがいっぱいで、それぞれ熱い夜を過ごしているが、四人の探偵はそんなことにお構いなしで撮影や出入口の確認などの仕事に励む。ただし、すべて車のなかから。男ひとりで外に出て、のぞきと勘違いでもされたら調査に支障をきたす可能性があるからだ。ここまできてもボスは気を緩めない。

「それにしてもあのふたり、いったい何を喋《しゃべ》っているんですかね。今日は素敵だったよとか、次はいつ会おうって相談でもしてるのかもしれませんね。尾行されているのも知らずに」

なかなか戻ってこないふたりに話題を向けると、ボスが短く「次はない」と言った。

「これで、あの男も終わりですよ」

恐ろしいセリフだ。だが、おそらく本当である。この男は、わずか数時間の調査で、言い逃れできない浮気の証拠を完全に握られたのだから。あと数日すれば、すべては報告書にまとめられ、依頼人に手渡される。必要ならA社で離婚のための弁護士も紹介する手はずだ。

いまや哀れな存在にしか見えない依頼人の夫は、浮気相手を送り届けたあとで家路についた。それを1台が追い、残った人間が女を尾《つ》けて行く。

女の家はコーポの一室だった。部屋に入ってから明かりがついたから、おそらく独身。住所がわかったので、これで戸籍から資産まで全部わかるとOキャップが言った。依頼人が男と離婚したら、ボスは折を見て自分が経営している結婚相談所への入会をすすめるつもりだ。

「調査したのが縁で、どんな男と結婚すればいいかって相談されることが多いんですよ。ダンナの浮気に懲《こ》りた女性は次の相手選びに慎重になりがちですからね。紹介する相手ですか、そりゃもちろん浮気の恐《こわ》さを知っている、私のところで妻を調査して離婚した男たちですよ」

乾さん率いるA興信所は、抜群のチームワークと手抜きなしの調査によるプロの凄《すご》みをぼくに見せつけてくれた。スリリングな浮気調査はおもしろかったけど、探偵が根気のいるもんだってこともよくわかったし、淡い憧《あこが》れにもスッパリと別れを告げることができた。

この仕事はもう、あんたたちにまかせた。脱帽しました。そんな気分である。だが、それからしばらく経《た》ったある日、何気なく夕刊をめくると……

A興信所が盗聴による家宅侵入罪を犯し、乾さんが逮捕されたというベタ記事が、ぼくの目に飛び込んできたのである。

でも、ぼくはきっとボスは悪いヤツの罪を暴くために盗聴機を仕掛けたのだと、いまも信じている。

まさにプロ!? 警察マニア

あ
僕も警察マニアです
小2のとき拾ったお金を交番に届けたとき
こんな盾を見て「自分だけが特別なものを見れた」と思いこんだのがはじまりです
どこかのマニアの店では警察グッズも買えるそうです
いいなー
でも買うのはちょっと…
誰かくれないかなー…
パトカーのサイレンの形が変わったときは怒りましたね
何あれ…気持ち悪い！
マンガで警官を描くとき
細かいところを調べて描くのがたいへんなので
こう
こんな感じに描いちゃいます
何かね？
…………
ぜんぜんマニアじゃないですね…
いい天気

労働をして報酬をもらうのが仕事だとしたら、ここに登場する人物はちょっと違う。報酬のために行動しているわけではない。でも、どうしてもこれをしないと気が済まないという情熱や、自分がしていることを〝天職〟と信じている点、やっていることのスレスレ感などが凄《すご》く興味深いのでぜひ紹介したいと思う。

警察マニアという言葉に、人はどんなイメージを持つだろう。

制服や関連グッズを集めている。警察組織にやたらと詳しく、人事まで含め、常に活動状況をチェックしている。警官が起こした不祥事のファイルを作っている。あるいは警察無線を傍受して部屋で興奮している。そんなところだろうか。

ぼくもそう思っていた。でも、甘かった。もちろんそういう人も多いのだろうが、ディープなマニアの活動はその上を行く。クルマを改造するのは朝飯前。事件があれば現場まで見に行って警察の活動ぶりを観察するし、なかには頼まれてもいないのに〝協力〟も惜しまず、町内を〝警ら〟する猛者《もさ》も。自分一人では非力だからと、何人かで警察ウォッチしているグループも全国各地にいるという。

いくらがんばったところで報酬がもらえるわけではない。それどころか、やりすぎれば捕まってしまう可能性さえある。それでも警察マニアは日々、警察無線を傍受しつつ出動態勢を整えているらしい……。

そんな噂《うわさ》を聞きつけ、マニアのひとりに連絡を取って大阪へ飛んだ。地図を片手に家を探し、住宅街の一軒家にたどりつく。ドアを開けて出てきたのは横縞《よこじま》のシャツ、白いパンツ、レイバンのティアドロップ型サングラスをかけた吉田道夫氏（仮名・39歳）だった。

なぜサングラスを。首をひねるぼくに、吉田氏はややプライドを傷つけられたように言った。

「あ、わかりませんか。せっかくやから私服警官の雰囲気で迎えてやろうと思ったんやけどなあ」

ガキの頃から警察一筋

物心ついたときには、もう野次馬やったね。子供のときからＰＣ（パトカー）や救急車が大好きで、サイレンの音が気になってしゃあない。とくにＰＣや救急車が激しくサイレンを鳴らしながら走ってくるのを見るのが大好きやった。そうなると、現場に行ってみたくてたまらなくなる。家を飛び出して自転車にまたがると、夢中でペダルを踏んだもんです。

何が楽しいって？　そこにどんな光景が待っているのか、想像するだけで心臓が高鳴ってたんやろな。事件かもしれない、誰かが倒れて必死で助け出そうとしているかもしれないっていう緊張感がたまらんかったんとちゃいますか。

あと、時間が経《た》つにつれてパトカーが増えてきたり、警官が作業をするところを、すぐそばで見るのが何ともね。臨場感って言うんですか。興奮する。今でもそうやし。そういうところは昔も今も変わってない（笑）。

まあ、当時はそんな余計なことは考えない。サイレンが聞こえたら自転車で追いかけるだけで満足してた。たいして衝撃的なシーンを目撃したわけでもないですよ。たいていは空振りで、たまに交通事故の後処理をしてる場面に遭遇した程度。

それだけなら単なる野次馬で終わっていたかもしれんけど、高１の夏休みに知り合いから衝撃的なことを聞いたんです。アマチュア無線をやれば、警察無線が聴き放題やでって。警察無線を聴いてみろ、バックにサイレンの音が入ってくるほどリアルなんだと。

そんな世界があるのかと驚いたね。しかも、一般人がそれを聴くことができるわけでしょう。

よく考えたら、あれが決定的やったかもしれん。あれがなければサイレン好きな子供で終わっていたような気がしますわ。

さっそく電気街で受信機を買いまして。メーカーもわからんような安物を。販売店でくれた、警察無線の周波数が載ったコピーの通りに手動でスキャンすると、聞こえる聞こえる。音もけっこうクリアでね。符丁が多くて内容は半分も理解できんかったけど、どない言うたらええんやろ、秘密の世界を覗《のぞ》いたような感じでした。

少し慣れてくると消防車や救急車の周波数も聴くようになった。夢中になって、部屋にこもりきり。情報は無線の専門誌からで、いま考えたら不完全な部分も多いデータやったと思うけど関係ない。むさぼるように吸収していったね。

生まれつき、野次馬根性が旺盛《おうせい》なんやろね。夏休みが終わっても熱は冷めないどころか、ますますのめりこんだ。朝起きた瞬間に無線機のスイッチを入れ、何か事件はないか、事故はないかと耳をそばだてる生活。学校でもヒマさえあればイヤホン突っ込んでいたしね。

学校にいるときに事故とかあるやろ、あれがツライ。いかれへんから。そんなときは放課後に見に行ってたよ。

受信機や無線機らしき機械があちこちに配備された部屋で、挨拶《あいさつ》もソコソコに喋《しゃべ》り始めた吉田氏。初心者には専門用語が通じないのでやりにくいとボヤきつつも上機嫌である。

なぜか。仲間内を除けば、自分のもっとも好きなことについて語る機会が皆無だからだ。単にマニアックなだけなら、ときにはチャンスもあるだろう。だが、彼は警察マニア。無線傍受とか現場急行なんて話をうかつにすれば犯罪者扱いされかねない。

さて、警察無線で情報収集することを覚えた吉田氏は、クラブ活動や恋愛に励む同級生たちとは違う道を歩み始めることになる。高校3年になる頃には、警察事情に精通するまでに成長していた。

逮捕協力で警官に感謝される

身の回りにわかりあえるヤツはおらんかったけど、雑誌なんかで似たような趣味を持つ仲間がいると知ったし、べつに孤独ではなかったね。一日中無線聴かなアカンでしょ。刑事ドラマばかり観《み》ずに少しは勉強もせんと親に叱《しか》られるし、忙しいんですわ。でもね、もともと警察が好きで現場が好きなもんだから、無線を聴いているだけでは満足しなくなってきたんです。最初のうちは近所の交番で警察官と話をするだけで喜んでいたけど、だんだんエスカレートするんや。用もないのに警察署へ行くようになり、無線機の数も増えて、マニアの領域に近づいてくる。

警察無線の隠語みたいなものもわかってくると、いよいよ楽しくてね。本来極秘であるべきことを、自分の部屋で聴いてるなんて夢みたいですよ。

地図を広げるでしょ。いまパトカーはどこにいて、どこに向かおうとしているのかなんてことがリアルにわかる。近所だったらすぐ出動です。交通事故などは事故処理には間に合うでしょ。

行って、見て、帰ってきて、「あー凄かったなあ。警官の動き、キビキビしとったぞ」とか喜ぶんです。新聞に載るようなことだと最高ですね。何度も何度も読む。野次馬としては、その現場に自分もいたことが大事なんでね。

服やモデルガンを集めて格好から警察になりきるタイプもいるけど、自分はそっち方面にはあまり興味がなかった。ま、たしなむ程度（笑）。それよりも警察の捜査方法とか、そっちに関心が強い。とにかく事件に遭遇したいんや。

無線を聴いていれば事件発生から追えることは追えるけど、たいてい家から遠い場所でしょ。こりゃ、待ってるだけじゃアカンということになりますよね。もっと攻めの姿勢でいないと、ケンカや交通事故のいい〝ヤマ〟にはぶつかれへん。

現場に居合わせる確率を高めるにはどうしたらいいか。警らですよ。おまわりさんが定期的に町を見回りするでしょ。あれを個人的にやるんです。いやいや自警団とか、そんなもんじゃなくて、勝手に警らするだけですよ。

具体的には、まず駅の周辺とか飲み屋が固まっているエリアをうろうろする方法。それから、本物の警官が警らするルートを追う方法もある。いや、追うんじゃなくて先回りやね。待機。

むちゃくちゃ楽しいですよ。傍目《はため》から見ればただブラブラしているだけかもしれないけど、自分は仕事感覚ですからね。権限はなくても、気分は１００％警官。いつ事件に遭遇するかわからない緊張感があってね。ああ、本物の警官は日夜、こんな状態で働いているのかと。すごいなと。

だから警官になる人間には、かつて警察マニアだった人間もいるはずですよ。好きが高じて本職になるタイプ。でも自分はそうはならんかったですね。憧《あこが》れはしたけど、野次馬の立場でいるほうが好きだから。

町をブラブラしているだけで事件に出会えるのかと思うでしょうが、ぼうっと歩いてるだけのヤツと自分らでは、見ているポイントが違いますもん。事件の種だけに全神経を注いでいれば、鼻が利《き》くようになってくる。交通事故は無理としても、ケンカとかのもめ事はだいたい予測できる。

自分は強姦《ごうかん》未遂の犯人を発見したことがありました。そのときは無線を聴いて知ったのかな。幸い家から近かったので、すぐに出動して現場付近を見まわっていたら不審人物を見つけてね。やってきた警官に教えて、逮捕です。「ありがとう」とホメられて、あれは飛び上がるほど嬉《うれ》しかった。

逮捕に協力できたこともそうだけど、警官より先に現場に到着できたことが誇らしいんですわ。

警らの楽しさをイキイキと語る吉田氏。捜査のプロである警察の上前をハネるように情報をキャッチし、ときには事件を知らせる。いくら精力的に活動したって一銭にもならない地味な行為なのだが、やりがい満点だと笑う。

会心の笑顔を見せられてもなあ。厳密に言えば無線傍受はマズイだろうし、勝手に警らするのもどうかと思う。

でも、もともとサイレンに胸をふるわせていた少年である。こうなるのは必然だったのかもしれない。

いまでこそ言えるが、放っておけばおさまりそうなケンカなのに、現場見たさに通報するぐらいのことはやったこともあるという。事件になりそうな情景を目撃したときには、頼むから一発殴れと願い、行けそうだと判断したら躊躇《ちゅうちょ》なく公衆電話に手を伸ばす。慌《あわ》てて警官が駆けつける頃には、いちばんいいポジションに陣取って一部始終を観察したり、ときには写真を撮影したり。

吉田さんは、それ以上のことはしないよう心がけているが、なかにはさらにエスカレートするマニアもいる。警官の見まわり時間を熟知し、当分やってこないタイミングを狙《ねら》って、制服姿で自主的に警らをしてしまうのだ。

どう見たって本物と変わらない（何もかも裏ルートで入手した本物）のだから、道行く人は騒いでいてもおとなしくなる。それが快感ということらしい。いやはや強烈なマニアがいたもんだ。

もっともこのマニア氏、コスプレだけならバレなかったかもしれないものを、つい調子に乗って、道を教えたりトラブルの仲裁まで買って出たため、本物の警官に発見されて即逮捕。何事もやりすぎは禁物なのだ。

話を戻そう。大学卒業後、おとなしく就職。結婚もした吉田氏だったが、マニア度は衰えるどころか増すばかり。クルマに乗るようになってからは、大阪はもとより関西一円に出動範囲が広がった。本職以外のすべての時間を、マニア活動に注ぎ込んでいる状態だ。ここまでマニア道一直線でいいんだろうか。

生きがいは警ら・出動・ハイテク装備

いいも悪いも、これが自分の好きなことで、これ以外の生き方は考えられへん。社会に迷惑をかけているなら考え直すけど、そうやないねんから。

本職は給料もらわなアカンからやってるだけのことでね。ぼくの生きがいは警らと出動と、そのためにハイテク機器を装備すること。どっちがメインかなんて答えるまでもないでしょう。ただのドライブでも、自分の意識はいつも警らです。

クルマは覆面パトカー仕様。本物を真似《まね》するマニアもおるけど、自分としては覆面のほうがシブイ気がする。何台もクルマ持てる身分でもないしね。普通の走行をしていても目立たないようにしてて、エンジン音とか、わかるヤツにはわかる改造具合がいいですね。ここ一番でのスピードは、負けへんよ。

まあ、シブすぎるのもつまらないので、昔の警察で使っていた木製の棍棒《こんぼう》をトランクに置いてるんですわ。

所轄《しょかつ》警察から広域無線まで無線を聴いていると、事件っていうのは昼夜問わず、しょっちゅう起きてるもんだと感心します。警察は本当に大変ですね。無事に解決すればホッとしますが、もつれたときはハラハラ気を揉《も》みますよ。

長くやってれば、いろいろな事件を見てますよ。いかに警官が大変な職業か、自分らがよく知ってます。たまに不祥事もあるけど、がんばってるんですよ警察は。

いまは警察無線のデジタル化が進んで基本的に聴けなくなったんですが、グリコ森永事件のときなどはおもしろかったですよ。情報が錯綜《さくそう》して、捜査が混乱しているのが伝わってくる。眠れない夜が何日あったことか。

ま、いまも似たようなもん。マニア雑誌などで知り合った仲間も大勢できて、事件が発生するとすぐ連絡が入り、現場へ急行ですから気が抜けませんよ。運転中もいつも張りつめているんですよ。

自分が張り切ったところで何の影響もないことはわかってます。警察のことは警察にまかせとけって理屈はね。だけど北尾さん、理屈じゃないところで、こう、たぎるものってあるやないですか。アレですよ。大げさかもしれないけど損得抜きのライフワークになってる感じです。

うまく言われへんなあ。でもね、自分と同じ思いを持つマニアが全国各地にいるところを見ると、やはり警察には我々を引きつける魅力があるんでしょう。

仲間は関西一円に20人ぐらいいます。サークルのようなもんですよ。よくやる遊びは〝広域警ら〟といって、互いに無線で連絡を取りながらのドライブ。で、どっかで落ちあって日頃は喋ることのできない警察ネタを喋りまくります。たぶん関西ではかなり強力なグループだと思いますよ。

個人的には町の警らを継続中です。もうすっかり慣れてしまってスリルもないんやけど、基本ですからね。

そろそろ部屋でも案内しましょうか。この家、数年前に新築した3階建てで、どこにいても無線が聴けるようになってます。ウソじゃないですよ。北尾さんのうしろ、それスピーカーでしょ? 音出てるでしょ?

配線に手を加えて、いろんなとこにスピーカー置いてるんですわ。傍受するのは警察以外の無線ですが、テレビ見てようが客がきてようが、重要な内容を聞き逃したくないもので。受信機はハンディ型も含めて4台かな。

やりたい放題やってる? いや、これでもカミさんとかには気ィ使うてるんですよ。

無線機はパーツ買ってきて自作もしてます。たいしたメカやないですけど節約もせんとね。そうやって、なんとか警察マニアを続けさせてもらってる状態。つき合ってるとき隠していたわけでもなく、ヨメはぼくの趣味をわかって結婚しました。その意味では感謝してます。仲間たち、みんな苦労してますもん。会社にも家庭にも内緒では息が詰まりますよね。

吉田氏は家族の理解を得ていると強調するが、とてもそうは思えない。ここは無線機が常に作動している特殊な家なのだ。しかも、リビングなど、吉田さんの滞在時間が長い場所ほど機器があふれている。無線機は、すぐ手が届く位置に鎮座。来客もあるからムキ出しにもできないのか、カーテンなどで覆《おお》い隠しているため、どことなく不自然な空間がいくつもできている。

奥さんがお茶を運んできてくれたので「ダンナさんについていけてます?」と質問すると「まさか」と完全否定されてしまった。それでも、ふたりは長い付き合い。いまさらどうこう言うでもなく放任しているようだ。

「子供の頃から好きでやっていることやから、私がどうのこうの言ってどうなるものでもないと思ってるんです」

その横では一粒種の女の子が無邪気に笑っている。警らさえしなければ、時間を問わずの出動さえなければ、ごく普通の家庭なんだがなあ。

そんなことを思っていると、席を外していた吉田氏が戻ってきて、一緒に出動したいと思ったが情報が入らないのだと、悔しそうに言った。その表情に、妻子の顔色を窺《うかが》うようなところは微塵《みじん》もない。

「今度はマニアが集まる集会にきてください。仲間を紹介しますから」

どこまでも軸がブレない人生だ。マニア歴30年のキャリアはダテじゃないのである。この人はきっと、年老いてカラダが動かなくなるまで、警ら・出動を繰り返してゆくに違いない。

ホメられたもんじゃない。だけどリッパだと思う。

第二章 アタマのお仕事

信じる者は救われない!?
超能力開発セミナー講師

義務教育を
ちゃんと受けた…
中には大学まで出た
いい年した大人が
あっさりオカルトだの
超能力セミナーだのに
引っかかって
なんて哀れ
なんだ……
超能力でなくても
やれ手相だの
運勢だのと
言ってる人は
いっぱいいるし
皆
バカなんじゃ
ないのかね？
ああ…皆
大バカ者
だね…
どいつも
こいつも
バカバカバカ
バカバカ…
ああ！
もう！
どうにか
してくれ!!
ああ！
神様!!
神様!!
あ
国内の
神様にも
祈らなければ
ふ――
だけど
宇宙人
だけは
いる!!

旅行代理店で案内パンフを物色していると、怪しげなツアーのものが混じっていた。オーストラリアで超常現象を体験しようというものだ。○○先生が同行するので超常現象を体験できる可能性はきわめて高いし、ツアーに参加することで自分自身の超能力開発にも役立つ。パンフにはそんなような広告コピーが踊っている。料金は5日間コースで50万円以上。かなり強気な設定だが、超常現象とか超能力という言葉を見ると盛り上がってしまう〝お客さん〟は、それなりにいるに違いない。

ぼくは、超能力が存在するかしないかということにはあまり関心がない。目の前でスプーンを曲げてくれるのならぜひ見たいと思うし、曲げられたら快感だろうなと思う程度だ。それなのに、ときどきサイキック雑誌を買ってしまうのは、超能力ビジネスに興味があるからである。インターネットで検索しても関連サイト多数。相変わらず根強い人気を誇っており、そのなかにはビジネス色の強いものも相当数紛れ込んでいる。

変わってないなあと思う。オウム事件以降、大々的なセミナーを見かけることこそ少なくなったが、すたれることのないジャンルなのだろう。

安定した需要が見込めるとなると、超能力に淡い憧《あこが》れを抱く人たちを相手に商売を企《たくら》む者がでてくるのが世の習いだ。じつは、かつてぼくはこの手のセミナーに参加したことがある。「病気が治った」「オーラが見えるようになった」「直感力が鋭くなった」……。サイキック雑誌で見つけた広告の派手な宣伝文句を確かめるべく、申し込んでみた。

そこで体験したのは、真偽を疑いながらも次第に洗脳されていく、いい歳《とし》したオトナたちの姿。インチキくさい超能力パフォーマンスに、強引な話術とムード作りで参加者を巻き込んでいく技術だった。

いったい、どんなテクニックを使って、半信半疑のセミナー参加者を〝ソノ気〟にさせていくのか。実際、その場で何かが起きるのか。少し話が古くなるが、主宰者が仕掛ける絶妙の心理操作術を紹介しよう。時は1995年1月。あの地下鉄サリン事件が起きる直前であり、〝超能力業界〟的には、サイババがブームになっていた時代である。

セミナー主宰者は神の啓示を受けた男

サイキック雑誌には、専門誌ならではのマニアックな広告が掲載されている。パワーストーンとか幸運を呼び込むネックレスとかの関連グッズ販売、通信教育、カウンセリング、各種セミナーの案内……。精神世界にハマっていない人間にとっては、どれもこれもウサン臭いものばかりだ。

なかでもセミナー関係である。セミナーという言葉の響きからして、ぼくにとってはすでにイメージ的に怪しい。宗教じゃないか、ボッタクリじゃないかという疑いが、一度もセミナーなんか受けたことがないのにわき上がってくる。そして思う。

たしかめたい！

受講してみたいのは、やはり潜在能力開発や超能力関係。人間は脳の5％しか使っていない、残りの95％を開発すればキミもアナタもみるみる凄《すご》いパワーが、というアレだ。

広告やイベント欄を調べると、あったあった。苦もなく『超能力開発セミナー』なる活字を発見できた。

説明には〈インドの聖人サイババとの出会いにより、更にパワーアップした超能力者が指導〉とか〈あなたの波動をあげる方法を教えます〉と頼もしいことがビッシリだ。定番であるセミナー体験者絶賛の声もしっかり紹介されている。

主催は○○研究所。開発してくれるのは、〈ある日、人類に役立つためこの世に生まれたという神の啓示を受けた〉男。その後、あらゆる病気を治すヒーリングを5千人以上に行い、突然光と一体になったりもしたらしい。

う〜ん、素晴らしいプロフィールだ。かなり期待できる。ぜひともぼくをダマし、いや超能力を開発してもらいたい。

広告の電話番号をプッシュすると、今回のセミナーは初級コース。1泊2日3食付で3万7千円とのこと。この手のセミナーは10万円はすると思っていたのでかなり安い。入会金もいらないという。ぼくは上機嫌で電話を切った。

数日後、資料が届いた。やけに重い。セミナーの趣旨やスケジュールが詳しく書かれた書類が入っていると予期していたら、出てきたのは〝宇宙エネルギーを放出するオバタイト健幸石〟と呼ばれる商品（エネルギー商品ともいう）の資料。石や、それを粉末にした温泉の素みたいなサンプルまで同封されている。その他にも石鹸《せっけん》や著書の案内、サイババツアーの誘いなどがわんさかだ。

しかし、カンジンのセミナー資料はチラシ1枚のみ。別紙で参加者の感想文と宿泊先の地図はあるが、集合時間も2日間のスケジュールもわからない。

電話して集合時間を確認すると、午後1時との返事。終了は翌日の午後4時。よし、とにかく申し込んでみるか。

が、講座への振り込みも完了したところで急に不安を感じた。料金が妙に安いのは、現地で強引な物品セールスが行われるからではないのか。買うまで帰してもらえないんじゃないだろうか。

ありうる。そしてもちろん、新興宗教の可能性も捨てきれない。信者に取り囲まれて入信するまで解放されないなんてことになったらシャレにならんぞ。

恥ずかしい話だが、ぼくは大学入学直後に強引きわまる長時間の説得に根負けして、ある政治団体に入った経験がある。10人を越すメンバーに囲まれること5時間、空腹と彼らのしつこさに嫌気がさした若輩・北尾は「これに署名してくれたらメシおごるよ」という誘惑に負けてしまったのだ（辞めるまでには相当の時間を要した）。自慢にならんが、耐久力には自信がない。

いずれにしても、タダでは帰れそうにない。防御策として思いついたのは、クレジットカード、免許証を持っていかないことくらい。セミナー当日の朝にはすっかり、期待感より不安感のほうが強くなっていた。サイフに1万円だけ入れ、バッグに着替えをつめ、重い気分で家を出る。

サイババは世界のお父様。私が日本のお父さん

12時半、指定された池袋のビジネスホテルに着くと、すでに先着の人が50人以上いた。会場は広い会議室のような部屋だ。

名前を書き込むため名簿を見る。参加回数の欄に〝初〟と書いているのはざっと8割。あとは2度目、3度目がポツポツ。ぼく同様の初参加者が多いことがわかりホッとした。どこに座ってもいいと言われたので空席を探して座り、深呼吸。そのうち、両隣には学生風の男と年齢不詳のメガネ男がそれぞれ腰掛けた。

男女比は半々ぐらいだが、年齢層は幅広い。学生風からOL、オジサン、主婦、水商売風までいる。見あたらないのは老人だけだ。一部目つきの怪しい人間も混じっているが、たいていはごく普通の人に見える。知らない人が見たらなんの集まりだか想像できないだろう。知人と一緒にきた人や、リピーターらしき人はリラックスして係

の人と喋《しゃべ》っているが、半分近くを占めるであろう単独参加者は、緊張の面もちで始まるのを待っている。

参加者は増え続け、空席がどんどん埋まっていく。こんなに大規模なセミナーだとは思わなかった。

「本日の参加者は90名です。超能力って集客力あるんだなあ。予想以上の数で、私どもも驚いていますが、最後までよろしくお願いします」

アシスタントらしき中年女性の挨拶《あいさつ》でセミナーが開始されたのは1時半。引き続き、5〜6人のセミナー経験者が順番にマイクの前に立ち、いかにもサクラっぽい挨拶をする。

「このセミナーは素晴らしい内容です。一緒にがんばりましょう！」

「私は今年○○研究所の人たちとサイババの元にも行きました」

「オーラを見た経験が忘れられず、また参加しました。3度目です」

彼らの挨拶、中身はどうってこともないのだが、一定の効果はある。まず、信じている人の気分が高まること。そして、半信半疑だったり、ぼくのようにハナから怪しんでいる人間を、現実的な思考から切り離す役割。さあ始まりますよ、いよいよですよ、とアオることで、否応《いやおう》なくボルテージを上げられてしまう感じなのだ。ようするに、セレモニーによって、特殊な雰囲気を受け入れる空気を作るのである。

全体の熱気が高まったところで、いよいよ白ずくめの衣装を着た〝先生〟が登場すると、場内にかすかなざわめきが起きた。

先生は、50歳ぐらいの男だった。白い服を着ていなければただのオジサンか中堅ビジネスマンというところだろうが、〝超能力者〟という触れ込みがあるせいか、それなりの人物に見えてしまうのが不思議。などと思っていると、先生は穏やかな笑顔を浮かべつつ、先制パンチを繰り出してきた。

「あなた自身のなかに神は存在します。理解できない人もいるでしょうが、それは真理です。私たちは本来、神聖な神そのものなんですから」

ん？　ぼく自身が神聖な神だって？　意味がわからんぞ。

「ですから、私は教祖ではない。○○研究所は宗教団体ではないので安心してください」

よかった、宗教じゃないのか。気になっていたことがクリアされ、気がラクになる。場内にも安堵《あんど》の雰囲気が広がり、一瞬にして場がなごむ。宗教団体なのではと警戒していた人が大勢いたのだ。ひとりひとりのなかに神がいるなら、「私が神だ」なんて人間は必要ないもんな。先生の説明はもっともだといえる。

話はサイババの賛美、自己紹介へと続く。この先生、昔は企業経営者で金儲《もう》けのことばかり考えていたそうだ。資本主義の権化《ごんげ》として儲けに徹し、やがて事業でつまずき、神に目覚めたらしい。トークは告白調で、「ひどい人間でした」「私自身、まだまだカルマ（煩悩《ぼんのう》）が残っている」などの芝居がかったセリフが混じるが、なかなかの説得力。彼自身はサイババを師と仰ぎ、もっと高い境地に達するため日々修行中との説明だった。

自分の弱みをさらしつつ、強気の発言も飛び出す。

「ここは世界最高レベルの教育機関です」

かと思えば、笑いを取ることも忘れない。

「サイババは世界のお父様ですが、日本へ帰ると私がお父さんになっちゃうんですねえ」

出だし快調である。その証拠に早くもぼくの心には〝この男は信用できるかもしれんな、この会は良心的かも〟という気持ちが芽生え始めている。

セミナー内容について概略の説明もされた。初級コースは《目覚め》と呼ばれ、瞑《めい》想《そう》を中心にしながらオーラを見たり、内在の神に会ったり、チャクラを開いたり、簡単なヒーリングをしたりしながら、神や仏に目覚めさせることが目的。中級は超能力のパワーアップがメインで、上級になると宇宙意識と一体になり超能力もビシビシ使えるようになるらしい。

初級コースで超能力を身につけることは無理なのか。残念だが、そりゃそうだろう。この団体が良心的だとしても、4万円足らずでそこまでできたらリーズナブルすぎる。まして超能力に憧れる人間をカモろうとするならなおさらだ。

簡単に解説しておくと、オーラとはいわゆる後光が差すってやつの後光で、チャクラは人間に7ヵ所あるエネルギーの発生装置みたいなもの。ヒーリングは〝癒《いや》し〟と呼ばれる一種の心理療法である。ぼくのカン違いや理解不足もあるかもしれないので、興味がある方はサイキック雑誌を読んで確認してほしい。

この会の目的は人間のだす波動（念じること、考えている状態）を良い方向に持っていくことによって、世界をよりよくすることだという。波動には大きなパワーがあるから、悪い波動を消し去って、良い波動を高めればいいという理屈である。

わかるか。わからないよな。ぼくも聞いていてわからない。悪い波動とは、わら人形とか、呪《のろ》いで人を不幸にするなんてことなのか。

しかも、すべては「神がひとりひとりに内在する」ことを大前提としているから、ますますついていけない。会場の8割を占める初心者も同じだろう。

でも、そんな疑問は誰もが抱くので、先生はちゃんと答えを用意している。

「わからない人、疑っている人の波動を感じます。でもこれは真理なのですから、ともかくわかろう、信じようと思って聞いてください」

これで、根本的な疑問についての質問を封じてしまった。信じる気がない人間は帰るしかないのだ。

超能力ミーハーになりきる

「ちょっと待ってください。皆さんのカルマが全部私に向かってきていて……」

突然、先生がこめかみを押さえ、大きく息をついた。つらそうだ。

「ちょっと休憩しましょう。20分休みます」

講義開始から2時間しゃべりっぱなしなんだから疲れて当然だ。参加者もそろそろ休みたい。そこをカルマなんて言葉を交えて演出することにより、自分のせいで体調を崩したのではないかと心配させ、同時に波動の存在を信じさせる。狙《ねら》いはわかるが、ぼくには臭い演技のように見えてしょうがない。

だが、それはぼくが最初からこのセミナーを疑ってかかり、洗脳されてたまるかと強く思っているからである。この2時間は、半信半疑で参加した人たちを〝あちら側〟の世界に引きずり込むため、周到に練られた〝つかみ〟。すでに場内は、超能力はあって当然、世の中は不思議な現象で満ちている、といった異次元空間に変貌《へんぼう》している。先生の演技は、自分の話がどこまで浸透しているのかを確認する作業でもあるのだろう。ちなみに、同じテクニックは翌朝にも、「先生は突然の高熱で倒れられたので30分遅れます」とアレンジして使われた。

休憩時間、ぼくはセミナーの最初に挨拶したサクラっぽい人間に接近し、「本当にオーラが見えたんですか、いいなあ」「波動ってそんなに凄いんですか」などと質問を浴びせた。超能力ミーハーになりきること、それがぼくの作戦なのだ。おとなしい人が多そうだから、そうでもしなきゃ情報収集できそうにないのである。

「あなたも明日までにはオーラが見えると思いますよ。先生を信じてついていけばきっと大丈夫です。素晴らしいですよ。世界が変わります」

話をしてみると、この人はサクラという感じではなく、○○研究所の教えにシビレている人のようだった。いまはサイババに夢中らしく、先生を通じてサイババの教えを身につけたいなどという。

そうか、信じこんでいる人ってやはりいるのだ。少し安心。でも、それはそれでヤバイ気がしないでもない。

「ぼくにもオーラが見えるんですか?」

「ええ、そのためにも真剣に講義を聴いてください」

「そんなにすごい力を持つ、あの先生は何者なんですか」

どさくさまぎれに尋ねてみたが、この信奉者は謎《なぞ》の微笑《ほほえ》みを浮かべて去っていった。ちょっと直球すぎたか。

それにしても、話をしている人が少ない。大げさな身振りで話していれば、ぼくのように猜疑心《さいぎしん》の強い参加者がそばにくるのではないかと考えていたが、アテが外れた格好だ。

じゃあ他の参加者たちは何をしているのかというと……水を飲んでいる。資料に同封されていた、〝オバタイト健幸石〟が入った水が部屋の隅にいっぱい置かれているのだ。先生に勧められたからか、先を争うように飲んでいる。

これはぼくも飲まなければ。ゴクゴク。うむ、水道水よりうまい。でもそれだけだ。周囲にはパワーがアップするだの、気分が落ち着くだのと説明する主催者側の人間もいたが、そんなこと言われてもなあ。

再び講義開始。心配していたほどいかがわしい団体じゃないと判断したのか、場に馴染《なじ》んできたのか、みんなの表情がずいぶんリラックスしてきた。

そりゃそうだ。先生ときたら、自分は教祖でも何でもなく修行中の指導者にすぎないのだから、イエスでも釈迦《しゃか》でもサイババでも、好きなものを信じてかまわない。私で物足りなくなったら、どうぞほかの指導者の元へ行ってください、なんて言うのだ。自由を保障されているようで、居心地も悪くないだろう。

ぼくも当初の重い気分はどこへやら、いまや多少演出過剰を感じながらも積極的に話を聞く気になりかかっていた。

人類の3分の1が1999年に間引きされる!?

しかし、先生はここで強引な戦法にでた。

「今世紀末、地球は最後の審判を受けるということを、いろんな人が予言しています」

人は増えすぎ、環境は破壊されている。これはすべて人間のせいだから、宇宙の創造主(神ではない、らしい)は、もう人間を間引きするしかない。1998年に大きな揺さぶりがあって、1999年には地球上の3分の1の人間がいなくなるという。

キビシい口調で先生は先を続ける。

「創造主は誰を間引きしますか。善い人間ですか、悪い人間ですか。悪いカルマに支配された人間ですか、神を信じて悪いカルマと闘う人間ですか。わかりますね」

深くうなずく参加者たち。それを見て、やおらニッコリ笑う先生。

「心配することはありませんよ。内在の神を信じる人は救われますから」

よくわからない説明だが、さんざん不安をあおっておいて、最後に安心させるテクニックは見事だ。セミナー開始からわずか3時間で、場内の主導権は先生が完全に支配していた。

こんな唐突な話が受け入れられるなんてヘンだと思うかもしれない。でも、ひとりひとりに神がいて、その存在に気づかせる〝超能力〟を持っている指導者が先生なのだ、ということを、会場にきてから幾度となく聴かされているから、参加者には唐突に感じられない。

だが念には念を。より完全に場の空気を作るため、今度は実験をしてみせるという。

先生はまず、参加者のなかからひとりを選んで壇上に立たせ、50センチ平方ほどのボードを持ち上げさせた。ここでキッと場内を一瞥《いちべつ》。

「みなさん、私をインチキだと思ってみてください。その波動だけで彼はボードを持ち上げられなくなります」

と、あら不思議。参加者が念じると、実際に持ち上がりにくくなったのである。

「あなたたちは言葉では信じないから、目で見せてあげたんです」

勝ち誇ったように言う先生である。ちなみにボード持ち上げ実験はセミナー開催中ことあるごとに繰り返され、そのたびに参加者の目は輝きを増すのだった。

しかしこれ、脅迫なんだな。言い方はソフトだけど、ようするに間引きされたくなかったら私の言うことを信じろってことだもの。

あやうく冷静さを失いそうだったぼくは、この一言で醒《さ》めてしまった。ボードが持ち上げにくいのは波動のせいなんかじゃない。あの雰囲気のなかでプレッシャーがかかったら一種の自己規制が働いて、「持ち上げちゃまずい、持ち上げたくない」気持ちになってしまう。だから上がりにくいのだ。

残念ながら、ぼくは前に呼ばれる機会がなかったけれど、たぶん心理学的説明でカタがつく話だろう。

物品販売にしても、いっさい買えとは言わないが、何度もその効果を説明されたら買わなきゃいけない気分にもなる。ほかにすることもないのだし、スタッフは満面の笑みでスタンバイしているし。休憩時間のたび、著書からサイババの写真までしっかり準備してある物販コーナーに群がる人は確実に増えた。

すべてがこの調子で、強制はしないがじわりじわりとその気にさせるテクニックがすごい。疑ってかかっているぼくでさえ、何も買わないとヤル気がないように思われそうな気がして、著書を買ってしまったもんな。

疲れ果てて初日を終える

時間の経過とともに、参加者はますますヒートアップしてきた。いまや大半の人々が、先生の話ひとつひとつに深くうなずき、休憩時間には水を飲みまくっている。はっきり言って北尾、ついていくのがやっとの状態。

というのも、先生の話は、よく考えると疑問だらけだからだ。まだまだ修行中の身とケンソンしたかと思うと、こんな強気の発言が飛び出してくる。

「私はチャネリングもヒーリングも自在にできる。神と話もしました。あのサイババとはよく交信もしていますね」

サイババと交信できるのにインドまででかける不思議。セミナーの間、なるべく指示と違うことを念じ、こんなの超能力じゃないと心のなかで先生を罵倒《ばとう》し、さあこの悪意の波動を感じ取ってオイラを追い払ってくれと思い続けたが、何も言われなかったという事実。ボード上げでさして重そうな顔をしない参加者には、さっきよりチカラを入れて持ち上げたからわからなかったんでしょう、もう一度やりましょうと圧力をかけて上がりにくくさせてしまう手法。

もちろん、すべての疑問には答えが用意されているだろうし、言いがかりだと反論されるのがオチだろうが。

このセミナーは、やはり怖い。

夕食は何か特殊なメニューなのかと予想していたが、ごくフツーのホテルの食事だった。豪華じゃないがまともである。このホテルでは各種セミナーパックとやらを実施しており、一泊3食付きで1万7千円だという。

ということは、純粋なセミナー料金は2万円。1日1万円だ。夕食時に隣り合わせた、各種セミナーを経験済みの人によれば、大変安いそうだ。安さはあちこちで評判になっていて、それがまた良心的なセミナーという信頼感を与えているらしかった。

一見したところ平凡な会社員風のこの人は、初級コースばかり3度目の参加。やっとめぐりあえた良心的セミナーなので、無理せずゆっくり先へ進みたいと、先生に全幅の信頼を寄せている。

「この料金でっていうのは、自信がなければできないことですよね」

そのとおりなのかもしれないが、参加者90人で１８０万円、物販を合わせると２０万を下らない売り上げは悪くない。初回の参加者は、つぎにつながるお得意さま候補。この手のセミナーはクチコミが強いことを考えても、薄利多売のやり方は利口なのだ。

瞑想《めいそう》の基本を習い、初日の講義が終わったのはなんと午後10時前。最後のほうは、参加者もハイになってきて、明らかに異様なムードだった。

全体のムードに逆らって、疑いの気持ちをキープしているのはとても疲れる。超能力とか交信とか、破天荒な話のオンパレードだから退屈はしないけれど、そんなバカなとか、それは違うだろうなどと、いちいち反応してしまうので、脳がシビレたようになるのだ。

ともあれ初日は乗り切った。さあ部屋に行こう。ぐっすり眠って平常心を取り戻さなければ。

「あなた、チャクラが7割あいてきたね！」

2日目は早朝6時半のオーム瞑想でスタート。ほぼ全員いる。数人がチェックアウトして帰ってしまったようだが、それに対する反応は「どうして？　今日はオーラも見られるのに」といった感じ。誰も気にしない。もう不安感など影も形もない。昨日、参加者の悪い波動を受け止めすぎた先生が体調を崩したため遅れてくるという、わざとらしい演出があったが、そんな小細工は必要なかったようだ。

瞑想中に目を開けると、みんな暗い部屋で一心不乱に「アオォォォムゥゥゥン（オーム）」と念仏のように繰り返している。前後左右に激しくカラダを揺さぶっている30歳くらいの男もいた。瞑想とはそういうものだとわかっていても、みんな大丈夫かと言いたくなる。

元気を取り戻した（らしい）先生のテンションは上がりまくりで、ついにこんな発言まで飛び出す始末。

「いいですかみなさん、世界を救えるのは日本人しかいません。日本は言霊《ことだま》の国、日本人は創造主によって選ばれた国民です。創造主は日本人と手を組んで、悪との戦いを始めています」

何なんだよ朝っぱらから、なんて思っているのはぼくだけだ。参加者は真剣に耳を傾けている。

とても恐ろしくなった。外見もふつう、話をしてもまともな人々が、なぜこんな根拠のない話を素直に聴いているのか理解できない。ものすごく不気味だ。

朝食の後、今度は〝太陽瞑想〟のため屋上へ移動。これ、太陽の光を直視すると白光が見え、さらに七色の光が見えてくるというものだ。

だからどうした、なんて言っちゃいけない。これは太陽と一体になる体験なのだから。みんな手をかざし、太陽の方向を見ては「緑色の光が見えた」とか喜んでいる。はっきり言ってマヌケだ。でも全員がそれをやっているから、あきれてそれを眺めているほうが不自然に思えてくる。慌《あわ》てて太陽を直視したら、目が痛くなってしまったよ。

それから、オーラを見るというのもやった。人を白い壁の前に立たせ、壁に視線を合わせると、頭の周囲に現れるらしい。らしいというのは、ぼくには見えなかったからだ。「あの、ぼくのオーラ見えますか」と尋ねると「見える」という男がいる。そして、見えないぼくに同情的な表情をする。

〝チャクラあけ〟というのもあった。ヨガをやって、何年もかけてチャクラをあけるなんて意味がない。こんなものは瞬時にあくのだと先生は断言する。そう言われても、チャクラそのものが目に見えるものではないから困るよ。

「頭のてっぺんにある天のチャクラは父に許しを乞《こ》うことでカンタンにあくんです。そう、あなたお父さんのこと好きじゃないでしょう。お父さんごめんなさいって思ってごらん」

先生はこうおっしゃる。そして、その人の頭をジッと見て、パッと顔を輝かせる。

「あっ、あいてきましたね。あなたの天のチャクラ、いまだいたい6割、いや7割あいています。よかったね」

いや、ぼくは人間の潜在能力を否定しない。先生にはなんらかのふつうじゃないパワーがあるのかもしれず、チャクラもバッチリ見えるのかもしれん。ただ、こんな説明に参加者たちが納得してしまうのが不思議なのだ。

参加者の8割が緊張していた昨日の午後2時にこんな話をしたら、半数近くは笑っただろう。いまは誰も笑わない。拍手まで起こる。

「言ってる意味わかりますね。間違ってないですね。理解できますね」と、くどいほど言い続けられた結果だ。

「私の話はすべて真理なんです。私はなんでもわかっちゃうの、ゴメンね（笑）」と断定され続けた効果だ。

「あなた、疲れてきたね。ちょっと立ってごらん、直してあげる。……はい、腰をパンパン払って座ってみてください。どう、ラクになった？　それは良かった」

そりゃ立ち上がって座り直した直後は少しラクになるぜ！　とは誰も思わない。

「あなた、犬の経験ありますね、前世で。また犬になりたいですか？　人間がいいならカルマを消す努力をしないとね」

もう万能。超能力ビンビンだ。洗脳がこんなに簡単なものだと初めて知った。

信じやすい人を集めて巧みに言葉を操り、実例を見せれば、昨日まで半信半疑だったものも信じるようになる。強引な理論にもおとなしく身を任せるようになる。

これがタダなら、同じ結果にはならないのではないか。金を払ったのだからシビアになるのではない。金を払ったのだからそれなりの成果があって当然だと考え、よりいっそう暗示にかかりやすくなるのだ。

そんなアホな、と思う。が、目の前で起きていることから判断するとそうなのだ。

参加者全員で念じれば、子供の病気を治せる!?

せめて先生の〝超能力〟が本物なのかだけは確かめたい。何度目かの瞑想の時間、ぼくは、バッキンガム宮殿の前に立つイギリス兵のミニチュア人形が見えたと話をでっちあげることにした。手を挙げて意味を尋ねると、先生は深く頷《うなず》いて即座に答えてくれた。

「内なる神まではたどりつけなかったね。それがあなたの前世なんです。君は兵隊さんだったんだね」

こら、人の話に乗っかって、いい加減なことを。

「兵隊、ですか」

「はい。でもミニチュアだからあまりエライ兵隊さんじゃなかったみたいね」

おいおい、連想がイージーすぎやしないか。隣の人が象形文字が見えたと言ったら、それは古神道の勉強をしろということだと解説していたし。

パワーストーンも登場した。波動を高める例の石をセラミック状にしたそうだ。これを持ってサイババを思えばサイババの波動が呼び込めるという、信じられないほど便利な石である。

全員がこれを渡され、いよいよセミナーはクライマックスを迎えた。集団ヒーリングの実験だ。

参加者のなかに、父、母、息子の3人できている家族がいた。息子に少し異常なところがあるらしい。ぼくの観察では暴力タイプのようだった。

彼を、参加者のパワーで治そうというわけだ。その方法はいたってシンプル。みんなで〝〇〇（彼の名前）の意識と肉体を奪っているものがでていき、〇〇が正常になりました〟と念じながら声を出すだけ。父母の必死の表情に、参加者の気持ちも引き締まる。

声を出しながら念じる間、先生は彼のカラダに手を当て、波動を送り込んでいる。やがて激しく身もだえするように手を動かし、悪魔払いを連想させるキテレツなボディアクションも開始。

1分、2分、3分。息子はおびえた顔でみんなを見ている。そして自分はどんな反応をすればいいかと悩んでいた。ぼくには彼のほうがみんなよりずっと正常に見えた。

「さあ〇〇君、いまみんなのパワーで悪いものを追い払いました。どう、ラクになった？」

彼に選択の余地はない。

「は、はい」

大きな拍手とともに儀式が終わる。


こうしてセミナーは終わった。みんな満足そうだ。

いや本当。でっちあげのイメージを元に前世は兵隊と決めつけられたぼくにしてみれば、先生は特殊な能力の持ち主でもなく、ずばりインチキであると断言したいほどだが、参加者たちは口々に「良かった」「おもしろかった」と感想を述べるのである。

「でも、オーラも見えなかったし、チャクラがあいた実感もなかったですよ」

何人かに不満をぶつけてみたが、同情顔が戻ってくるだけ。彼らのひとりは真剣な表情でこう言った。

「最初は警戒していたんですが、無理にモノを買わされることもなかったし、先生の話にも説得力があった。実験とかね。最後にみんなで波動送ったでしょう。あれなんて、感動しましたよ」

「じゃ、元は取れたと」

「もちろんです」

主宰者は熱心で、強制はいっさいなし。セミナー中は無料で個別の相談にも乗ってくれる（雑談程度だが）。1度のヒーリング体験で10万20万なんてセミナーと比べ、安さも際《きわ》だつ。参加者にとって後ろ暗いところは皆無だし、とてもよくできている。

4分の1ほどは、サクラか妄信《もうしん》的なリピーターみたいだったが、ぼくの見た限り、残りはごく平凡な市民たち。話をしてもおかしなところは見あたらなかった。むしろ浮いているのは、セミナーを疑っていることを隠そうと妙にミーハーな振る舞いをしてしまうこちらのほうである。

このセミナーは着実に参加者を増やすだろうと思った。超能力開発とかサイババというミーハーチックな誘い文句で人を集め、安心感を与えつつ、宗教とたいして変わらない雰囲気でスルッと参加者の心に入り込んでしまうだろう。

ただ、ぼくたちが暮らしているのは、先生の言うカルマが渦巻く〝人間界〟だ。「神はひとりひとりに内在する」ことが前提のセミナーとは違う。

そんな考えを見透かすように、先生は最後のダメ押しをすることも忘れない。

「人間界に戻ってみれば、我々修行者はとても孤独です。外で、〝私は神、君も神〟と言えばバカだと思われますからご注意を。つらくなったら、いつでもココへ遊びにきてくださいね」

解散になっても、みんなすぐには帰らない。パワーストーンもオバタイト健幸石も嘘《うそ》みたいに売れている。26万8千円もするサイババツアーも、5、6人がその場で申し込む盛況ぶりだ。

先生の元には相談を持ち込む人間が列をなし、熱狂的な空気になっている。なぜなんだ。みんな、この2日間で超能力や潜在能力がアップしたと本気で思っているのか？

結局、オーラも見えず神にも会えず、チャクラもヒーリングも信じられないぼくは、一目散に会場から逃げ出すしかなかった。最後に振り向くと、さっきの息子が所在なさげに佇《たたず》んでいた。サクラじゃないとしたら、信じやすい両親を持つ彼の将来がとても心配だ。

ホテルを出ると空は晴れていた。道路は渋滞で空気も悪い。うるさくクラクションを鳴らすマナーの悪いドライバーもいる。でも、これが日常なのだ。ぼくは、悪い波動のカタマリだから絶対に飲んではイケナイと先生が力説していた缶コーヒーの販売機に直行した。

プシュッ。

うまい！

＊

あれから○○研究所がどうなったかはわからない。サイババは少年へのイタズラ容疑で告発されて株を下げ、1999年に人類の3分の1が死んでしまうこともなかった。

それでも、超能力や波動を信じる人は減っていないだろう。先生は今日もどこかで、喋《しゃべ》っているに違いない。

「はい、見えてますよ。チャクラあいてきたね」

海外移住時代へ警告！
タイの日本人カモリ屋

へー…タイでそんなことが…
ガタン
ゴトン
怖いなー…
いやー老後…
海外で悠々自適の生活なんて
ダメですよ!!
ブーン
ガッ
海外でのそーいうノウハウがなければ
なおダメということですね
カッ
だいたいそーいう…
分不相応なことをしては
シュン
いけないのですよ!!
カキーン
だいたい飛行機!
あれはねー!!
いつか落ちますよ!!

狙《ねら》われるのは移住者だ

タイのバンコクで渡辺と名乗る日本人と知り合った。タイに住んで3年、まだ30代半ばの自称・実業家である。

現地で会社を設立し、タイ人の従業員を20数人雇っているという。仕事の中身は不動産関係から観光業まで、よく言えば幅広い。

話をしているうちに気になったのが、日本人相手の法律相談をやっているという言葉だ。トラブルに巻き込まれた日本人をサポートするために、タイ人の弁護士と組んで実践的なアドバイスを行っているらしい。必要にかられて勉強したというだけあって、渡辺氏のタイ語は日常レベルならほぼカンペキ。読み書きもかなりできる。

「この法律相談がなかなか人気がありまして。多いのは女関係だね。タイで女に狂ってダマされる人がけっこういるんですよ。国際結婚したはいいが、女房はすぐにタイ人の男と浮気して、離婚の危機。妻にやらせていた店も乗っ取られそうだとか、そういうのですね。ウチはまあ、駆け込み寺みたいなもんですか。話を聞いて、タイの法律を教えてあげて、解決法を考えてあげて報酬をいただく。こんなことでお得意さんがいちゃいけないんだけど、2度、3度と同じような失敗をする人もいて、ま、悪くない儲《もう》けになりますよ」

会社としてやっているのだから、表のビジネスではあるのだろう。でも、ちょっとウサン臭い。そう言うと、タイではいろいろあるからねと言葉を濁した。少し頰を緩めて笑顔をつくってみせるが、目は笑っていない。

「日本ではいま、海外へ移住して老後を過ごそうと考えている人が増えているじゃない。ご多分に漏れず、日本からの距離も手頃で物価が安いタイも人気がある。チェンマイあたりは、これからどんどん日本人移住者が多くなるだろうね。そうなると、ますますトラブルは増えるはずだよ」

ん？　どういうことだ。

たしかに日本では、老後を海外で暮らすのが、密《ひそ》かなブームになりつつあり、移住を斡旋《あっせん》する組織には、数万人の希望者が登録していると聞いている。でも、マスコミを通じて流れてくるのはいい話ばかり。温暖な場所に住み、年金でお釣りがくるほど物価も安く、理想的な生活ができるってことになっている。言葉や医療機関の問題が徐々に改善されれば海外移住者はますます増えていくだろうってノリだ。

「そりゃ、幸せをつかむ人もたくさんいるでしょ。でも、移住さえすればハッピーになれると安易に考える人だって増えるんだよ。数が増えればトラブルだって多くなる」

そうなると、渡辺氏の懐《ふところ》が潤《うるお》うって寸法か。抜け目ないなあ。

「嫌だなあ、私はそんなに悪党じゃないですよ。ほかの連中に比べたら、これでも良心的にやってるつもりです」

ほかの連中って……。じゃあ、日本人のトラブルで一儲けすることが、ここではビジネスとして成立しているということか。渡辺氏の答えは明快だ。

「いますよ。それも、日本人が日本人を専門にカモってる。もちろんタチの悪いタイ人に引っかかってカモられる日本人もいるしね。そんな話で良かったら、いくらでもできますが、聞きたいですか」

望むところだが、ここはホテルのロビー。しかも真っ昼間では誰が聞き耳を立てているかわからない。じっくり話を聞きたかったぼくは、日を改めて会う約束をして別れた。

命の値段は5万バーツ

数日後、再会して渡辺氏のクルマでドライブとしゃれ込んだ。彼が所有する日本車は、タイでは高級車に属する。それなりに羽振りがいいと考えていいだろう。

「なんで日本人が日本人をカモるかって話をする前に、この事件のことを聞いてください よ。タイの女性と結婚した日本人が殺されたってヤツですけどね」

タイに移住した60代の男性が、バンコクで知り合った水商売の女性と結婚。住居をチェンマイに構え、飲み屋を始めた。タイでは土地・建物を外国人名で登録することができないので、奥さんの名義である。タイ語もあまりわからず、水商売の経験もないから、店は20代前半の奥さんと、タイ人ふたりのスタッフで運営し、夫は金の管理だけをやっていた。

経営はまあまあ順調だったが、所用でバンコクに出かけ、戻ってくると在庫が減っているということが何度か続く。怪しい。妻はタイ人のスタッフとデキているのではないか。ふたりで共謀して、在庫をさばくか何かしているのではないか。

疑心にかられた夫は、店を閉めようと考えたが、妻が大反対。せっかく軌道に乗ってきたところなのに、というわけだ。ますます怪しい。夫は金の管理を強化するが、常に計算が合わない状態が続く。夫婦間も次第に険悪になってくる。

そんなある日のこと。昨日までは元気で、日本料理屋を訪れてグチったりしていたその夫が、湖に浮いていた。たいして調べもしないうちに、警察は自殺と発表。日本人たちは不審に思って捜査の続行を望んだが、相手にされず一件落着となってしまった。

なぜ警察はあっさり自殺で片づけたのかと尋ねるのは愚問だという。タイでは警察など金でどうにでも動くのだそうだ。この国にヤクザはいないが、それ以上にタチが悪いのが警察。金はせびるしワイロも要求してくる。

「こっちでは警察がヤクザだね。ビザの発行をするのも役所ではなく警察の管轄《かんかつ》だから。権力と金とコネがモノを言う世界なんですよ」

おおっぴらに売春が行われているのも、警察が目こぼししている証拠。歓楽街を担当する警官が同僚の垂涎《すいぜん》の的となるのも、実入りがいいからに他ならない。

「ほとぼりが醒《さ》めた頃、妻はスタッフのタイ人と結婚したよ。家も店も彼女のもの。もちろん誰も自殺など信じてない。ヒットマンを雇って夫を始末したに違いないと思ってるけど、どうにもならないんだよ」

でも、一介の市民がヒットマンに依頼するなんて現実味がない気がする。
「この国ではできるんだ。5万バーツ払えば人を殺せる。日本円でいくらだ、たった
の20万足らず。狂ってるよ」
もし、もしもだ。ぼくがトラブルに巻き込まれたとして、頼めばヒットマンを紹介
してもらえるのか。訊《き》くと、渡辺氏はニコリともせずに言った。
「タイに10年もいれば、そんなコネクションだって持てるようになりますよ」

常識がなさすぎるんだよ

殺人事件は稀《まれ》でも、似たような事件はめずらしくもないらしい。
やはりタイの女性と結婚し、バンコクでカラオケスナックを持たせた男がいた。た
まに日本に帰国し、あとは悠々自適のはずだった。
が、ここでもやはり妻が浮気。のみならず、夫の不在時に、独身時代の職場である
売春バーで働いて、小遣い稼ぎをするようになる。夫の管理が厳しくて、金が自由に
ならなかったのがその理由だが、どうもおかしいと思った夫が、もとの職場を覗《のぞ》いて
みたら、半裸の妻が店で踊っていたというから悲惨だ。

当然、夫は激怒。離婚話になるが、家も店も妻の名義だから、別れて困るのは自分という筋書きだ。それはないだろうと怒っても、警察は相手にしないし、老いぼれの日本人の肩を持つ地元民もいやしない。

「ひどい話じゃないですか」

「そう思う？　でも冷静に、トラブルの種をどちらが撒《ま》いたか考えてみてよ。私に言わせりゃ、そうなることは目に見えていた。わかっていながら女に狂った夫がどうしようもないと思うんですよね」

最近持ち込まれた、若い女が好きになって、尾行したりストーカーまがいのことをして女に嫌われているじいさんの話を例に、渡辺氏は話を続ける。

「じいさん、70歳とかそんなですよ。それが20歳ぐらいの女に入れ込んでる。愛してるだの、捨てられるだの騒いでる。ありえないでしょ。そんな若い女が年寄りを相手にするのは金しか理由がないってのが常識でしょ」

出会いも即物的。パッポンあたりの歓楽街でコールガールを買ったじいさんが、ちょっと優しくされて舞い上がり、ホレてしまったという展開だ。だけど、それは特殊な例じゃないのか。もともと、おかしなじいさんだったとか。

「そうじゃないんだ。これまで話した例は、みんな似たような展開でやられてる。みんな、女に狂って失敗してるんだよ。金にモノを言わせて女を一時的に買っただけなのを忘れて、バカみたいに狂うんだ。この国は特別だ、パラダイスだと思ってしまう。どうしようもないよ。ダマしてくれと言ってるようなもんだよ」

若い女に惚《ほ》れて結婚し、店を持たせて悠々自適の人生設計。それがどれだけ非常識なことか、渡辺氏は力説する。

「タイ語もできないのに、会って1カ月で家を買ってやったり、結婚したりするなんて異常でしょ。日本じゃ考えられないことだよね。まして相手は、カラダを売って生活している女だよ。ふつうなら、よほど時間をかけてコミュニケーションしないと相手を理解することもできないはず。ところが狂った連中は、それを忘れちゃう。タイの女性は可愛《かわい》いし、従順そうに見えるから、すっかり若返った気になってしまう。大間違いだよ」

海外移住というと、定年後の老夫婦のイメージが強いが、実際は妻に先立たれたり熟年離婚を食らったじいさん連中も少なくないらしい。いい年した男が、単身タイにやってくる動機は、ほとんどが女だと渡辺氏は言う。

「ま、そういう甘い考えの日本人だらけだと思ってよ。女好きで、物価の安さに喜び、金銭感覚も常識的な判断力も麻痺《まひ》してるのばかりだと。となれば、小金を持っている日本人からカモろうとする輩《やから》が現れるのも自然なことじゃないですか」

カモられた奴《やつ》がカモリ屋になる

「手口はどうということもない。簡単なサギ、いやサギですらないかもしれない。複雑なことをしなくても、十分やっていけるからね」

なにせ相手はネジが緩んだ日本人。タイ語もロクに話せなければ、読解力も欠如している。しかし、それでも何とかなると踏んで、事業を興《おこ》そうとする人間がいるのだ。

外国人名義では家も買えないことは前述したが、タイで日本人が会社を作ろうとしたら、7人の発起人（もちろんタイ人）が必要になる。言葉も喋《しゃべ》れない日本人に、信頼できる知人がそうそういるはずもないから、顔見知り程度のタイ人に頼らざるを得ない。

「それもなかなかムズカシいですよね。で、自分がうまくやってあげましょうと声をかけるわけですよ。法律事務所と称したりして、手数料を何十万も取ってね」

まあ、無事に会社が設立できればいいが、そうは問屋がおろさない。

「だって、書類読めないんだから。何が書かれているか見当もつかないのに、平気でサインしちゃうんだから、やりたい放題でしょ」

いざ事業を開始しようとすると書類は無効。それどころか会社のカタチにすらなっていない。慌《あわ》てて法律事務所に電話するが通じない。駆けつけたらもぬけのカラ。訴えようにも、書類は会社設立のためのものでもない上に、本人のサインまでついている。たとえばそれが、〝会社設立についての相談に際し、これだけの金額を支払います〟となっていたら、違法性など争えない。う〜ん、やられるほうもやられるほうだ。

「北尾さん、笑ってるけどこれが現実なんですよ。むしろ単純な仕組みのほうがいい。相手の不安につけこみ、信用させれば勝ちだから」

なぜか。カモになる人間は、タイで事業をする気でいながら、語学を修得する気もなく、信頼できるビジネスパートナーも不在。あるのは裸一貫で始めようとする超楽観性と、けっして十分とはいえない資金くらいだ。それでも会社を設立したがるのは、外国人の場合、タイでは飲食店をやるにしても会社でないと信用されないからである。

タイには多くの日本人が在住しているのだから、そのあたりはもっとうまくやれないものだろうかと不思議に思うが、渡辺氏は首を振る。

「大雑把に分けて、観光客を除くとタイには4種類の日本人しかいない。企業の駐在員、私のように何らかのビジネスをする人、タイが好きで居着いてしまったサーファーみたいな人、そして増えつつある移住者ですね。で、彼らはまったく分断されてるんですよ」

駐在員はメイド付の家やマンションに住み、生活レベルも高いが、固まっていて閉鎖的だ。サーファーはリゾート地周辺で主に暮らし、バイトなどで食いつないでいる。接点もないし、駐在員はサーファーを嫌っているという。

ビジネスマンはビジネスマンで孤立していて、横のつながりもさほどない。移住者はやはり移住者で固まり、丈夫で長生きばかりを夢見ているか、トチ狂ってカモられる側に回るか。

人数の割に情報網に乏しく、互いに自分たちのことばかり考えて、狭い社会の中で生きているわけだ。

「で、カモリ屋はどこから発生してくるかわかりますか」

どこからって、それは渡辺氏のように日本からビジネスチャンスを探してやってくるんだろう。なかには、最初からカモることで生計を立てようともくろむ人間もいるかもしれない。

「ははは、それが違うんだな。日本人からカモる怪しいビジネスマンで一番多いのは、たぶん元駐在員ですよ」

エリートである彼らが、わざわざ怪しいビジネスに手を染めるとは思えないが。

「仕方なくですよ。やつらもかつて、痛い目を見た経験者だったりするからさ。いまさら日本へも帰れない。とすれば、食っていくために手っ取り早いのは、脇《わき》の甘い日本人からカモることでしょ」

駐在員が失敗する理由

駐在員は、3年とか5年の期間を無事に乗り切ると、日本に戻ってゆく。それゆえ、駐在員以外の日本人と交流を持とうとしないとも言えるのだが、なかにはタイが気に入って、帰国命令を機に退社し、タイに残る人間も出てくる。

ある程度、といっても日常会話程度だが、タイ語もわかり、文化や風習も少しは知っている。貯金と退職金を合わせれば、そこそこの金も持っている。これまでのキャリアを活《い》かすことができれば、タイで一旗揚げることも夢ではない。小さな商売でもやって、のんびり暮らしていければいいじゃないかとほくそ笑む。

しかし、彼らは忘れているのだ。駐在員時代に培《つちか》った人脈は、自分の肩書きによるものが圧倒的だったことを。現役の駐在員から見たとき、自分がすでにその仲間ではなくなってしまったことを。

「会社の名前で仕事をしてきて、タイ人のなかでもまれたこともないわけでしょ。しょせん井の中の蛙《かわず》ってことですよ。で、結局はたいして付き合いのない日本人やタイ人に一杯食わされて損をする。仮に事業を始められたとしても、女にハマったり、従業員とうまく行かずに裏切られてボロボロになってしまう。そんな人、たくさん見ましたよ。さっき話したカラオケの人も元駐在員だしね」

開き直った元駐在員にとって、カモを探すのはそう困難じゃない。バンコクあたりでは、独立志向があり、なおかつ孤独な日本人が少なくないからだ。行動範囲も狭いから、ホテルや飲み屋で知り合いになることはたやすい。

候補を見つけたら、仕事にかかる。

「パターンは一緒。『あなた何年タイにいるの』と聞いてみる。3年とか答えると、それじゃダメだなと否定して、自分はもう10年以上いると自慢する。それからは、たとえば店にしても、ここで飲んでいると言えばあそこはダメだ、自分がいいところを知っているとか、そんな話。あるいは、こういう人を知っていると大物の名前をバンバン出す。とにかくハッタリかまして、この人はすごいと思わせないといけないからね」

かつて自分が味わったことを再現すれば、なかには引っかかる人間も出てきて、それがメシの種になる。モテたい、儲《もう》けたい、いい暮らしがしたい。そのどれかに食いついてくれれば話は早いのだ。

タイでは会社作らないと何もできないよ。タイの法律は複雑で素人《しろうと》には手に負えないよ。これも何かの縁だから、自分が手伝ってあげましょう。これで一丁上がりである。

ダマシて儲けても、法律違反を犯すわけではないし、ダマされるほうが悪いという理屈が働いて、彼らのプライドはギリギリ保たれるってことか。そうやって、おいしい話を探しながら生きている日本人が、ここバンコクにうごめいているとすれば、色ボケの移住老人なんかイチコロに違いない……。

「悪いことはいわない。タイにきたら、50代以上で調子のいいことを言って近寄ってくる日本人を信用しちゃダメですよ」

口元だけをほころばせ、相変わらずの笑わない目で渡辺さんが言った。

「そうは言っても、ハマッちゃうんだなこれが。おかげで私のところにも相談がくるってことですよ。でも、そうなるのってわからなくもないんだ」

夜になるとコールガールが街にあふれ、わずかな金で客を取る。毎日毎日その光景を見ていたら、一般の女性まで、金で買えそうな気持ちになってくるという。そんなはずはないと理屈でわかっていても、偏見の目で見てしまうのだ。

法律など守らなくても警察とうまくやればしのいでいけそうな気がするし、安い賃金で雇えるために社員に対する感謝の気持ちを忘れがちにもなる。何が普通で、何が普通でないかの境目が、住めば住むほど曖昧《あいまい》になってしまう。

油断すれば、すぐにでも〝常識〟が破壊され、そうなったら築き上げてきたタイ人との信頼関係や社員との連携など、すべてが台無しになりかねない。

「おおげさに聞こえるかもしれないけど、ここはそういうところだってことですよ。何の疑いもなく何十歳も年下のコールガールと結婚するじいさんだって、日本にいたときはそれなりにしっかり生きていたと思うもんね。まったく、とんでもないとこに住んじゃったな……。私ね、毎日欠かさずやることがあるんだよね」

何だろう。金勘定か。

「ははは、そうじゃなくて日本にいたら自分はどうするか、を考えるってことですよ。タイの感覚じゃどうにもならない。この女、この金、この仕事。目の前にいろいろあることを、日本にいたときの常識と照らし合わせないと安心できない。で、思うんですよ」

素早く車線を変更しながら、渡辺氏は吐き出すように言うのだった。

「よかった、オレはまだ狂ってないとね」

夢のノウハウ大公開、月収100万円のメルマガ・ライター

メルマガで
月収100万…
32歳の
男性か
いーな…
グラ グラ
パカ
ズゾゾゾー
ふー…
カチ
もしも
僕に月100万
あったら…
パチッ
僕に
あったら
貯金
しよう
パチ
昔
好きだった
あの子は
今頃
どうしている
だろうか

インターネットをやる人にとって、メールマガジン（以下メルマガ）はすでにお馴《な》染《じ》みのメディア。簡単に言えばネットを通じて配信される雑誌のようなもので、「まぐまぐ」に代表されるメルマガ発行サイトを通じ、種類はそれこそ無数にある。オンライン古本屋を副業とするぼくも、新着本情報や日記をメインとするメルマガを日刊で発行しているし、ニュースから地域情報まで、ざっと30種ほど登録もしている。有料のものもあるが、大部分は無料だから気楽に読めて便利。飽きたらクリックひとつで配信を止めればいい。

いろんなメルマガを読み、飽きると止めることを繰り返すうち、気になる人物があらわれた。あるときは発行サイトから送られる新規紹介から、あるときは他のメルマガが推薦しているものから、脈絡なく登録しているはずなのに、「るう」という人が発行するメルマガが、常に届いているのだ。しかも、世界の名言集から料理レシピ、スポーツニュース、アダルト関連までやけに幅が広い。

不審に思い、るう氏のホームページ「るうカフェ」を探すと、発行するメルマガでびっしり埋め尽くされていた。その数、軽く100以上。しかも、すべてのメルマガを本人が書いていると高らかに謳《うた》っている。デザインもこなれた感じで、雰囲気が妙に明るい。

ますます怪しい。いくら内容が軽くても、これだけのメルマガをコンスタントに発行するには副業じゃ無理。ひとりで書いているとしたら専業だ。だが、これでどうやって食うというのだろう。9万6千と書かれている総発行部数が本当だとしても、100で割ったら平均は千に満たない。そんなものに広告を出したって効果があるとは思えないのである。

事実、るう氏のメルマガで広告欄というものはほとんど見たことがない。グッズをおすすめしているコーナーはあるが、それにしたってどれだけの効果があるのか疑問。メルマガ読者は広告に慣れており、ちょっとやそっとじゃ引っかからないような気もする。

なぜこんなにがんばっているのか。そもそも、るう氏は何者なのか。収入源は何なのか。儲《もう》けるカラクリはあるのか。もしメルマガで飯を食っているとするなら、そこには必ず成功につながるシステムと、それを支える創意工夫があるはずだ。

さっそくメールを出し、インタビューを申し込む。ポイントはひとつ。るう氏がメルマガのプロかどうかだ。

返事は翌日きた。

「メルマガだけで生活してます。都心から、海のそばに引っ越したばかりですが、よかったら我が家へどうぞ」

数が大事なんですよ、数のパワーが

そんなに怪しいですか。怪しい者ではないことを伝えようと写真や本名まで公開してるんだけど、わざわざ会いにくるほどだから、ウサン臭く思われているってことですかね。

メルマガで収入を得ることは、べつに珍しくないですよね。雑誌などでもよく取り上げられているでしょう。その人たちが怪しくなくて、ぼくが怪しいのは、個人で山ほどメルマガを発行しているからでしょうね。いま140はあります。必要なんです。ぼくの方法で稼ぐには、数を出さないとどうしようもない。

普通、メルマガで食うと言ったら、発行部数の多い人気メルマガを作り、何らかの方法で広告収入を得ようとしますよね。成功している人はだいたいそうじゃないですか。

でも、ぼくはそうしない。したいとも思わない。理由はね、ぼくがプロを目指してきたからですよ。メルマガで生計を立てることを真剣に考えていったら、この方法に到達したんです。メルマガを発行し始めたのは4年くらい前。やっていける感触をつかんだのは、ここ1年かな。最近は平均月収が100万円あります。いま31歳なので、まずまず成功の部類じゃないでしょうか。サイトの運営費など多少の経費はかかりますが、他にはさほど金がかからないので利益率もまずまず。自宅でできるし、場所も選ばなくていいですよ。

プロであろうとするなら、安定した収入を稼がなきゃならない。じゃあ、安定した収入を得るにはどうしたらいいか。人気メルマガを作るのか。仮にできたとして、どう金に結びつけたらいいのか。試行錯誤の末に、いまがあります。

広告はある程度入るでしょう。現在は一般的に、サイトよりメルマガ広告がクライアントにとっては魅力的だと言われています。読者層がイメージしやすいということで。たとえば健康食品の広告をだすなら、健康関連の人気メルマガに出稿すると効果が期待できます。こういうケースでは、発行部数×何円というふうに料金が設定され、掲載料がもらえる。ぼくも当初はそうしていました。

でもね、読者の大半は広告なんか見向きもしない。まして、いつも同じような宣伝では、効果はどんどん落ちてしまう。そこそこは稼げるでしょうが、限界があります。そもそも発行部数が何万部もあるメルマガなんて、そうは作れませんよ。できるとしても部数を伸ばすまでに時間がかかりすぎる。趣味ならいいけど、プロとしてはリスクが大きくてやってられないってことです。広告掲載料で稼ぐやり方は魅力がないですね。もちろん有料メルマガなんて問題外ですが。

自宅に向かってハンドルを握りながら、るう氏はゆっくりした口調で話す。ていねいな言葉遣いやおだやかな表情から、いかがわしさは窺《うかが》えない。が、拍子抜けする一方で、新たな興味が湧《わ》いてきた。

自宅でラクラク月収100万なんて、ヤバい橋を渡らないと実現できないと思っていたら、そうではないと言うのである。しかも、るう氏はパソコンに強くもなくむしろ苦手であり、博識でもないらしい。ということは、ノウハウさえつかめば、誰でもちょっとしたメルマガ長者になるのは可能じゃないのか……。

クルマはやがて丘の上の一軒家に到着。半月前に東京から引っ越してきたばかりとあって、まだ雑然としている。タバコに火をつけ、るう氏は先を続けた。

平凡だから金になる！

掲載料ではない広告には、読者が広告にあるアドレスをクリックした数によって報酬が支払われるタイプや、クリックした先にある商品を買った場合に何パーセントかが支払われるタイプなどがあります。特殊ではなく、よくあるものですよ。具体的なところは教えられないけど、ぼくもそういう成功報酬型の広告を使っています。

死語辞典、コスメの裏ワザ、東京ラブホテル、はじめてのサプリメント、日本人の平均。誰にでも書けそうなメルマガを作り、誰でも使えるような広告を載せる。ごく平凡です。こんなことをやってる人はゴマンといるはずなのに、なぜぼくがこれだけ稼げるのか。知りたいのはそこですよね？

メルマガの種類と総読者数が決め手でしょうね。それぞれの読者数はかぎられていても全体になると10万近い。1パーセントが反応しても千人になる。

北尾さんが発行するのは古本屋のメルマガです。いくら魅力的なアダルトグッズがあったとしても、それを載せますか。載せないでしょう。載せれば反応があるかもしれないけど、嫌がって登録を解除する読者がいるかもしれないですからね。でも、ぼくなら適当なメルマガを選んで掲載することができる。この差は案外大きいですよ。

ただ、当初はいろいろ考えて広告を選んでいましたが、この頃はそれもどうかなと思い始めています。読者の反応を見ていると、ぼくのスタイルならそれすら必要ではないんじゃないかと。極端な話、占いのメルマガにアダルト向きの広告があっても、それはそれでいい。載せる広告を選ぶために費やす時間もバカにならないですから、ジャンルを問わずにやれれば強みですよね。

どうしてそれでいいのか。種明かしは簡単です。自分を基準にすればいい。31歳の自分が興味を持つことのすべてをメルマガにしていくことで、ジャンルこそ違っても、一定の色はでるということですよ。政治のニュースが好きな人が健康も気にしていたり、エッチな部分も持ち合わせていることって普通でしょう。だから、自分が欲しいと思う商品であれば、食いついてくれる人が必ずいるってことになるんです。だって月収100万円ですよ。そう考えるしかないでしょう。

それがなかなかできないのは、メルマガに自己満足を求めるからです。いい内容にしたい、読み応《ごた》えのあるものにしたい、自分のファンを作りたい。ぼくに言わせれば、そんな欲は稼ぐためにはジャマなことばかりですね。

没個性、あっさり、短めがいいんです。記事をじっくり読んでもらうのは嬉《うれ》しいけど、広告に目がいかなかったら、いくらおもしろくても失敗。みんな、山ほど登録しているんですから、長々としたメルマガを最後まで読んでもらえると思うのが間違いなんです。

せいぜい1、2分で読めなければ、メールすら開いてもらえなくなると思ったほうがいい。それでいて、最低限の役立ち情報が得られるというのがベスト。

多彩なメルマガを、同年代を中心とする不特定多数の男女に配信し、自分自身も興味を持てる商品へと誘導。るう氏のメルマガ論は次第に熱を帯びてきた。

マガジンと名はついているが、発行するのはあくまでメールなのだ。メールは短く、読みやすく。よく言われることを、発行人たちは忘れがち。いかにして広告に目を留めさせるかの意識も低い。

説得力あるなあ。言われてみれば納得なのだが、なかなか気がつかないことだらけである。さすがプロ。ひと味違うね。

感心するのは、自分が書いた原稿に対しての的確な距離感だ。雑学ネタで大事なのはネタであって文章力ではない。その分は、広告効果を気にせず発行する日記メルマガなどに注ぎ込めばいい。そのあたりの割り切りがはっきりしている。

やはり、これはひとつの職業だ。書いて書いて書きまくる、〝メルマガ・ライター〟という新業種である。あえて没個性を武器にするるう氏の発想は、発明に近いと思う。

2分以内で勝負を決めろ！

そうですか、でもここから先はキツイですよ。なにしろ没個性、あっさり、短めでありながら、読み続けたいと思わせないといけない。広告に誘導したいからといって手を抜いたら止められる。読んでもらえるレベルのものを大量に書き続けられないと、収入にはなりません。

アダルト系の「脱ぎたがる素人《しろうと》」というメルマガに毎回3つのサイトを紹介するんですが、ひとつ発見するのに2時間かけることもよくあります。わずか3行ほどの記事を作るためにです。メールを送ってくれる人がけっこういるんですけど、わかる人にはわかるみたいですね。ぼくの苦労が。

せいぜい2分なんですよ、みんなが時間を気にせず読んでくれるリミットは。その範囲で記事を読ませ、ネタによってはサイトを見に行き、戻ってきて広告まで興味を持ってもらう。矛盾するようですが、あ、またきたかと思ってサッと読み捨ててもらえばそれでいい。そう考えないとやってられませんよね。イヤな印象さえなければ、いつか時間があるとき広告を読みますよ。

ネタ3つがいいのは、厳選した感じがでるのと、ひとつは引っかかる可能性があるから。2つじゃ物足りない。4つじゃくどい。3つがいいですね。

ひとつでも役立つのがあれば、そりゃ満足しますよ。自分が探す手間を代行してくれるメルマガが無料で届けば、感謝も信用もするでしょう。発行人は、そんなことをコツコツ積み重ねていくべきだし、結局はそれが儲けにもつながってくる。

構成は、挨拶《あいさつ》文があってネタがあり、広告が入ってシメの一言。行間はなるべく空けて白っぽくするのも大事。ツメたらうっとうしいじゃないですか。内容が薄そうに思える程度で十分じゃないかな。

ぼくは挨拶に自分の近況を書くんです。引っ越ししたとか魚が釣れたとか。どうでもいいことですよ。どうでもいいんだけど、するっと読めること。そうか、るうは釣りが好きなんだなと、どこかにインプットされる。その人も釣りが好きだったら、今度は釣りのメルマガを読んでくれるかもしれないじゃないですか。

1日のスケジュールは、だいたい決めています。仕事開始は朝9時。昼までやって食事をし、1時から3時までまた書きます。その後は釣りを6時まで楽しみ、夕食までの1時間はまた仕事。あとは夜10時から深夜1時頃までですね。計9時間ですか。1日平均20のメルマガを書きます。全部、自分で。デザインは妻に、サイト管理は知人に頼んでいるので、書くことに専念できる。4年やってれば雑学モノは蓄積があるから早いし、たいした仕事量だとは思わないです。旅行には行けないですけどね。休むのは正月だけ。

るう氏が惜しげもなくノウハウを公開する理由が、ここまで聞いてわかってきた。物書きの端くれとして断言するが、毎日20のメルマガを書き続けていく生活は、なかなかできるものではないのだ。もし自分がその立場になったら、1週間と持たないと思う。がんばって続けたとしても月収100万円の保証はどこにもない。集中力と持続力、そして何より強固なモチベーションがなかったら不可能だろう。

るう氏はこれまで、軽く千を越すメルマガを立ち上げた。読者が増える見込みがないものは、3カ月程度で廃刊する。読者数と広告効果を見つめる目はシビアだ。100万稼ぐ現在も、新しいメルマガを思いついたらすぐ発行しないと気が済まない。いや、不安でしょうがない。この商売、先のことはわからない。来月は収入激減かもしれない。だから、ついついやりすぎてしまうのだと苦笑する。

では、稼げるだけ稼ぎ、何か商売でもやる気なのか。そうじゃない。東京を離れたのは島育ちで海の近くが落ち着くこともあるが、安定のために他の仕事をしたり、保険の意味でバイトすることから自分を遠ざけるためだった。メルマガ・ライターをやめる気などまったくない。それどころか、この仕事に人生を賭《か》けたいとまで言う。冷静なるう氏らしからぬ気合いの入った発言。その裏には、ここに至るまでの挫折《ざせつ》と苦心の日々があった。

月収50万のエロサイト時代

ぼくは以前、かなりいかがわしい生活をしてたんですよ。

21歳のときに大学を中退して東京にでてきて純文学作家を目指したことがあって。生計は遺跡発掘のアルバイトで立てて、ひたすら小説を書く生活です。でも、なかなか芽が出ず、先物取引の会社に就職してすぐにやめたりもしましたね。金がなくて、ファーストフード店のゴミ箱を漁《あさ》り、ハンバーガーを拾いながら食べたりとか。

3年ほどしてパソコンと出会い、これで稼げるんじゃないかと、思いつきでアダルトサイトを運営するようになったんです。素人だから街で女の子をナンパして撮影を申し込み、自分の部屋で撮らせてもらって、うまくいったらヌードに持ち込む原始的なやり方です。月収50万ぐらいあったかなあ。使う金も多いから全然残らないけど。いま思えば牧歌的ですよ。無修正の写真を通信で販売するんだけど普通回線でしょ。送るのに一晩かかってしまうこともザラ。内容的にもいつ捕まってもおかしくないような画像で、取り締まりがキツくなってきたところで出会い系サイトに切り替えた。これもまずまずヒットしましたけど、やっぱり経費が多いのとストレスとで倒れたこともありました。いつも疲れ切っている感じだったですね。それで、また就職して、辞めて。

小説はサッパリだし、同棲《どうせい》していた相手に去られるし、すべてイヤになって田舎に帰ろうと思ったほどです。親には帰ってくるなと言われちゃいました（笑）。あのときはヘコミましたよ。そんなとき、ゲームセンターでアルバイトしながら思いついたのが「プライベートマガジン」というメルマガサイトで、それが発展して「るぅカフェ」にたどりついたんです。

どうしてメルマガだったかと言えば、ネットを使ってやれることで、いかがわしくなくて、少しは人の役に立てそうなことは何かと考えた結果です。

ずっと荒れた生活をしてましたからねえ。周囲には消えちゃったヤツもたくさんいた。自分だってひとつ間違えばホームレスになってもおかしくないところにいた実感があるんですね。そうでなくても、イヤというほど孤独な暮らしをしていたし、小説では挫折感を味わったでしょう。せめて今度は、人を楽しませることをやりたかった。小説ではだめだったけど、メルマガも書く仕事ではあるので、そこも魅力のひとつではありました。別の世界なんだけど、コンプレックスがあったから、書くことにしがみつきたい気分が残っていたんでしょうね。だから、何としてでも軌道に乗せたい、これに失敗したら後がないという気持ちがありました。当時は毎日12時間は書いていたんじゃないかな。つらくはなかった。泥臭くても、自分の方法でメルマガ・ライターっていう新しいジャンルを切り開く感じがおもしろいんです。やめる気はないですよ。そのために「るうが死ぬまでの日記」というメルマガも作ったんです。

我々の目につかないところでしっかり稼ぐメルマガ・ライターはこれからも増えるだろう。一方で競争も激しくなること必至。ただ、長い目で見たときは、目先の技術より動機の強さがモノを言う世界でもある。

るう氏の目標は何だろう。金を貯《た》めてメルマガ御殿でも建てますか。節約すれば年間4、500万は貯まりそうだもんなあ。

「いやあ、そういうことより、もう少し余裕ができたらボランティアの炊《た》き出しなどをしたいんです。さっきも言ったけど、自分がすれすれのところにいたので。どうしても他人事《ひとごと》に思えないんです」

おいおい、さわやかすぎないか。

「意味のない使い方をしてみたいんですかねえ。そういえば、るうって名前は風俗嬢からもらったんです。どうしてるうにしたのって尋ねたら、カレーのルーだって言うんです。あまりに新鮮な答えで、そこからもらった。そういうわけで、意味なんかないほうがいいんじゃないかって思うようになってきたみたいですよ」

フーゾク専門不動産屋というお仕事

不動産
経費
利益
ピコピコ
難しいことは僕はわからないですけどね…
女性に言いたい!!
ピコッ
風俗なんかで働いちゃダメですよ!!
ピコピコ
……………やっぱりダメです
PAUSE
根拠はないですけどね
でもそーなのですよ
そりゃ生活もあるでしょう
今更コンビニで時給数百円ではやってられないでしょう…
ピコピコ
ではどうするべきなのか!!
ピコッ
知りませんよ
でもがんばろう
ピコピコ
………
いやわかりませんけど…
ピコピコ

不動産屋のイメージは人によって違うだろう。駅前にある賃貸専門のところから土地や家の売買がメインのところ、果てはTVCMを流すような大手もあり、それが「不動産屋」という呼び方でひとくくりにされているからだ。もうひとつ、とらえどころのない業界なのである。

悪徳不動産業者やデベロッパー、リフォーム詐欺《さぎ》など、住宅関連の事件が新聞沙汰《ざた》になることも増えている。そこで、いわゆる悪い不動産業者がどんなものなのか話を聞きたいと思ったのだが、なかなか喋《しゃべ》ってくれる人にたどりつけない。やっと会えた人には、こんなことを言われた。

「不動産屋といってもいろいろだけど、ひとつ言えることがある。たとえば住宅販売なんかだと、営業マンもいろいろなわけ。完全歩合制で、ズブの素人《しろうと》を雇うようなところがあるんだから」

売れなきゃ収入にならない状況で、営業マンがいかにして契約にこぎつけるか考えるのは当然だ。信用を勝ちとるためには口八丁手八丁にもなる。多少は強引なことをする場合もあるだろう。でも、違法行為でなければ、ある程度そうなるのはしょうがない。

「北尾さんが聞きたいのはそこのところなんだろうけど、やり方は人それぞれだし、そんなことは不動産に限らずセールス業全般に言えること。システム的なおもしろさはないよ」

それでも興味が捨て切れず、しつこくアンテナを張り続けること数カ月。ようやく不動産屋に関係する話をしてもいいという人からメールが入った。フーゾク業界を舞台にした内容らしく、あまり一般性はないかもしれないが、繁華街にあるフーゾク店が大変なことになっているのだと言われたら興味をそそられてしまう。

何度かやりとりをし、待ち合わせの場所を決める。先方の希望は、その筋の人がきそうもないところ。考えた末、客の大半が女性である甘味処で会うことにした。

10分遅れでやってきた30代半ばの男は「ここなら安心です」とコーヒーを注文し、某フーゾク店の店長だと名乗った。いったい大変なことって何なのか。

ここに紹介するのは、話題があっちへ行ったりこっちへ飛んだりしながら2時間ほど話した内容を、ぼくなりに再構成したものだ。なお、業者の名称などは架空のものにしていることをお断りしておく。

フーゾク街戦線異状あり

石原都政が歌舞伎町《かぶきちょう》のフーゾク店を狙《ねら》い撃ちにし、つぎつぎと摘発したり規制をキビシくしたために商売がやりにくくなっていることは知ってますよね。カンタンに言えば、店内で女の子と遊ぶことが実質的にできなくなっちゃった。女の子をホテルに派遣してもらうデリヘル（デリバリーヘルス）しか、もう無理な状況。店とはいっても受付しかなくてね、店内じゃ何もできなくなっちゃったわけです。

一説によれば、都は歌舞伎町のコマ劇場のあたりを再開発して高層レジャービルを建て、できればそこにカジノを入れたいと考えている、と。本当かどうかわからないけど、いずれにしてもフーゾクが邪魔でしょうがない。ええ、フーゾク店排除は本気だと思いますよ。

浄化作戦でここ1、2年でそういうことになってきて、歌舞伎町と池袋、この2大歓楽街が集中的に狙われちゃって、フーゾク店の営業がムズカシくなってきた。生き残るにはデリヘルしかない。それが、この話の前提です。

歌舞伎町なんていま空いてますからね。フーゾクが衰退したら、それ目当ての客がこなくなった。逆に言えば、フーゾク店が元気なおかげで活気があった街なんだと思います。裏ビデオ屋とかも客が減って値崩れを起こし、もう激安競争。おカミが本気になったら強いってことですよ。

これじゃあ、どうしようもないですよね。ところが、歓楽街が息も絶え絶えになっているなか、ぐんぐん成長しているグループがひとつだけあるんです。

つぶれそうになった店を買収するなんてレベルじゃない。ビルごと買い取って、そこにグループ傘下のデリヘル店をつぎつぎにオープンさせてます。

歌舞伎町と池袋がすごいですね。ぼくの店は池袋なんですが、ここ1年で様変わりですよ。しばらくしたら完全制圧するんじゃないですか。

でも、おかしいと思いませんか。フーゾクには逆風が吹いているはずなのに、なぜそんなに勢いがいいのか。ぼくも最初は何が起きているのかわからなかった。でも、カラクリが見えてきた。不動産ですよ。これは不動産ビジネスなんです。

支配のカナメは不動産屋だった

グループの名称を、仮に「北尾興業」としましょう。業界では昔からテレクラの大手として有名なところです。でも、じつはほかにもいくつかグループ企業を持っていて、そのなかに不動産部門があるわけです。もちろんフーゾク専門のね。

メインは店舗とか事務所とかだけどフーゾク嬢のための賃貸物件もある。フーゾク嬢専用とはどこにも書かれてないけれど、一般の人が貸してくれって言ったらどうかな。ま、そんな人もいないだろうけど。場所が異常ですからね。歓楽街のド真ん中にある不動産屋なんですから。

じゃあ、ここがこの1、2年、何をしてきたか。歌舞伎町や池袋の雑居ビルを買いまくってるんですよ。

狙いはフーゾク用に貸すってのもあるけど、ラブホテル化なんです。デリヘル用のラブホを自前で調達すべく買い漁《あさ》っているわけです。あと、レンタルルームってあるでしょ。あれも買ってますね。もちろんデリヘルで使う場所として。やり方も、もう無敵って感じでロコツです。

すでにホテルも営業してますよ。歌舞伎町のホテルって、コマの裏のほうだったじゃないですか。それがいまでは街の中に堂々とありますから。まだまだ増えるんじゃないですか。需要を自分のところで生み出しているから。

テレクラなどで得た潤沢《じゅんたく》な資金を使い、規制でアップアップしてる不動産を買い漁ってホテルにし、そこをグループ内のデリヘル専用のプレイルームにする。大がかりな計画ですよね。まるで石原都政とタッグを組んでいるような。まあそんなことないでしょうけど、それくらい見事ではあります。

規制で儲《もう》からなくなってくると、フーゾク店があるビルなんてもともと他の業種は入りたがらないですから、ビルオーナーから買い叩《たた》いて安く入手し、ホテルにする。店で儲けて、ホテルで儲けて一石二鳥です。

デリヘルってのは、それ用に使わせてくれるホテルと契約して、通常より格安で部屋を使えなけりゃしょうがない。プレイ代はそこそこでもホテル代が安いってことで客も納得してくれる。北尾さんが客だとしたら、同じ料金を払ってコマ裏のホテルまで行くのと、店からすぐの所にある便利でキレイなホテルとどっちがいいですか。普通、後者でしょう。でも、たとえばウチはそこと契約してもらえない。ジリ貧ですよね。

ええ、現実にそうなってます。「北尾興業」のプラン通りに、有力店だったところがバタバタ倒れてますよ。店の名前は変わってなくてもオーナーが「北尾興業」になっているなんてザラです。どっちの店にしようかなんて思っても、実際にはどっちも「北尾興業」の経営だったりする。まるで「この街はもらった」と言わんばかりの勢いですけど、どこも対抗できるところがない。不動産を牛耳《ぎゅうじ》ることでライバルを追い込み、支配下に置く。賢いですよね。何が賢いって、そういうことは実社会ではわりにあたりまえに行われていると思うんです。それをフーゾクの世界に持ち込んだところが、うまいなあと。社会の表舞台で脚光を浴びるようなところが進出しにくい、特殊な世界だから、ここまで大胆にやれているのかもしれないですね。

早い話が、資金力にモノを言わせ、フーゾク産業を制圧しようという作戦である。不動産部門まで持つフーゾク店オーナーは少ないため、これまではそうした発想は持ちにくかった。あったとしても、つぎつぎに現れる新機軸こそがフーゾク産業の命であり、客もそこに群がっていた。

ところがおカミの粛正により、フーゾク界は大ピンチ。唯一《ゆいいつ》、許されたのがデリヘルという事態になって風向きが変わったのだ。

ぼくが話を聞いているのは某フーゾク店の店長に過ぎないが、彼は10年近くフーゾク界で働く、この業界としてはベテランの部類。自分が店長を務める店のピンチから発して集めた情報だけに、かなり信憑性《しんぴょうせい》は高いと思う。また、彼は「北尾興業」のやり方を苦々しく感じつつも、優れたシステムであることを認めてもいる。「北尾興業」は、べつに違法な暴力などを使って天下を取ろうとしているわけではないのだ。

むしろ、不思議なのは無抵抗のまま軍門に下ったり、物件を売り渡してしまうオーナーである。それに、落ち目のフーゾク界に多大な投資をすることが、果たして割りに合うことなのかも気になるところだ。

最低ラインは月商2千万

フーゾク店のオーナーは金のことしか考えてないですよ。この商売、儲かりますからね。いや、これまではそうだったって話ですけど。

ちょっと計算してみますか。歌舞伎町の相場が、いま坪15万くらいかな。デリヘルなら3坪もあればいいからざっと50万。スタッフは3人として100万。宣伝などモロモロの経費を300万とすると、これで450万。

一番出ていくのが女の子のギャラで、売り上げの半分はこれですね。そこから計算すると、月商が2千万として、女の子に1千万、経費が450万で、利益が550万。まあ、リスクのある商売だから、このあたりが最低ラインじゃないですかね。これ以下だったらやる意味ないでしょう。

3年前なら、流行《はや》っている店なら毎日100本はヌイてましたから、150〜200万の収入があって、月商5千万も珍しくなかった。利益が軽く1千万あって、店長の給料が80〜100万円もらえた時代です。

いまはせいぜい1日70本。3割落ちていますよ。女の子の質はギャラで決まるので、そこは削れないとすると、スタッフの数や給料で調整するしかない。つらいですよ。いまだけの不況なら辛抱できるけど、お先真っ暗なわけでしょ。オーナーも考えてしまうんじゃないですか。そこへ「北尾興業」から話がくる。で、手放す。単純ですよ。

フーゾクっていうとヤクザが経営しているように勘違いされがちですけど、ぼくが知る限りではそういう店って少ないですね。ごく一部じゃないですか。ウチもショバ代として毎月10万ほど払って、それだけの関係。オーナーは実業家みたいな人が主流でしょう。

理由はわからないし、実際どう関わっているのか見当もつかないんだけど、意外にカタギの世界だと思いますよ。「北尾興業」も、あれだけ派手にやる以上は、それが許されているわけだから、どこかの組織が絡《から》んでいるのかもしれないけど……よくわからないですね。

人材育成からラブホテルまで金の成る木は逃さない

話を続けますか。

ビルごと店は押さえた。ラブホテルも作った。あとは何だと思います？

さっき、不動産屋で賃貸もやってる話をしましたよね。「北尾興業」としては、自分でフーゾク店を経営するだけではなく、事務所として貸すこともしています。これがまた賢い、よくできたシステムなんです。

自社営業店は、流行れば儲かりますが、流行らなければそのリスクは自社が被《かぶ》らなくちゃならない。ところが自社営業店が増え続けると、その間で競争が激しくなって、流行らない店が出てくるかも知れない。

それならば、ある程度は賃貸にして家賃を取る。でも、そこが使うホテルは自社経営だけにする契約を結ぶ。これなら堅い商売です。できれば、ちょくちょくつぶれてくれればなおいい。新規契約で手数料などが入りますから、すぐに次が埋まればちっとも困らないですよね。

「北尾興業」はこれ、やってるんです。無料で受けられる風俗開業のためのセミナーを実施して〝起業家〟を募集するんですよ。無料ならと参加したカモを洗脳し、儲かりますよとその気にさせて、自社物件で開業させればいい。もちろん開業資金として300万くらいは取るみたいです。ちゃっかりしてますよ。

さらに、歓楽街にある〝風俗情報館〟も経営してます。歌舞伎町なんかで遊ぼうとする人は、たいていこういうところで店をチェックする。いちおう優良店を紹介することになっていますからね。「北尾興業」経営の〝風俗情報館〟にあるのはすべて、自社営業店か、傘下にある店の情報。他は置かないから、すべての客は「北尾興業」に利益をもたらします。店舗数が多いから女の子も多く、集客力が強い。傘下じゃない店はひとたまりもありません。〝風俗情報館〟も「北尾興業」一色になりつつありますね。

つまり、こういうシステムです。

●客の確保

圧倒的な店舗数と、それをバックとする強力な〝風俗情報館〟により、フーゾクで遊ぼうとするお客さんを傘下の店に吸い寄せる。

●店の確保
豊富な資金力でビルごと買収。適当に競わせながら、自社経営店からは直接の利益を、賃貸物件からは家賃収入を得る。
●プレイルームの確保
デリヘルになくてはならないラブホテルを、いい場所に作り、客に遊ばせる。
●経営者の確保
セミナーを実施して学ばせ、自社物件を紹介。
●不動産屋の確保
路面店を出すことで、風俗嬢に部屋を斡旋《あっせん》したり、新規事業者を誘い込むことができる。

このようにして囲い込んでいくわけです。フーゾクの経営者、そこで働く女の子、客のすべてが儲けの対象になっているんだから、よくできたシステムだと思いますよ。他にはない強みである不動産部門が、扇のカナメのようになっている。
これじゃあ、ぼくの店なんか長くないですよね。なんとか持ちこたえているのはSM関係のため固定客がついているから。そういうマニアックな店がかろうじて生き残っていけるのかな。それでもフーゾク全体として衰退気味っていうか、客は減ってます。だって、デリヘルばかりじゃおもしろくないですもんね。規制もあって、安心して遊べないし。

店長がボヤくのも無理はない。素人《しろうと》のぼくが聞いていても勝ち目はないように思える。東京都が本腰を入れている以上、歌舞伎町や池袋で、フーゾクが元気を取り戻せるようになれるかは疑問。多くはアンダーグラウンドに潜り、「北尾興業」の天下がしばらくは続いていきそうである。

30代も半ばを迎えた店長は、この先どうする気なのだろうか。

IT長者がフーゾク業界にきてほしい

この業界で10年以上働いている人って非常に少ないんです。独立して店を持つケースもあるけど、だいたいはカラダが持たない。ぼくなんかも、もうボロボロですよ。ストレスで内臓がイカレたり、頭がおかしくなった店長もいました。女の子の管理だけでも本当に大変なんです。正直、給料80万でも安いと思う。

独立ですか。う〜ん、どうかなあ。ヤミで自宅出張型のフーゾクならできるかもしれないですね。ただ、その場合は自分でクルマの運転までやる覚悟でないとダメでしょう。客とのトラブル、女の子の管理。リスクも大きいのでがんばって1〜2年できるかどうか。この歳《とし》じゃキツイなあ。

かといって、いまさら他の仕事を見つけることもあまり考えられない。案外、ウチも買収されて、「北尾興業」の店で働くことになったりして。ま、従業員や女の子にとって誰がオーナーかなんてどうでもいいことですが。

ただ、「北尾興業」の怪しいところは、活動がフーゾク界にとどまらないことなんです。

どの部門かはしらないけれど、出会い系サイトの運営はやってるみたい。これについてはフーゾクの一種みたいなもので、なるほどなと思うだけです。でも、マンガ喫茶もやってるんですよ。それも、全国にチェーン展開する大規模なところを。

マンガ喫茶って、やっぱりフーゾクとは違うところじゃないですか。表の商売でしょう。そこに進出しているということは、居酒屋をやる可能性だってあるってことなんですよね。資金は潤沢なんですから。

もちろん法律上の問題もなく、やっちゃいけない理屈はどこにもありません。でも、フーゾク界に身を置く人間として、あの会社がメジャー化していくのはすごくコワイ気がするんです。

ＩＴ長者って、フーゾクに興味ないですかねえ。法律上、問題ないようにして健全経営にすれば、この業界は儲かると思うんです。若い子の感覚、昔と全然変わってきていて、フーゾク専門の求人誌が5誌も6誌もある時代じゃないですか。抵抗ないんですよ。

ＩＴマネーが流れ込んできたら、さすがの「北尾興業」もビビるでしょ。放っておいたら、少なくても歌舞伎町と池袋は「北尾興業」のひとり勝ちになっちゃいますよ。

話を聞いた後で、店長と一緒に歌舞伎町を歩いてみた。

「あのテレクラもこのテレクラも『北尾興業』。このビルもたぶんそうですね」

さっき話にでてきた店が、あちこち目に入る。不動産屋も一等地といえる場所にあった。そのビルは1階が不動産屋と〝風俗情報館〟、2階から上がホテルになっている。まばゆいばかりのネオンが、勝ち組の象徴のように見えた。

試しに〝風俗情報館〟に入ってみると、すぐに奥から店員が出てきて、いますぐ遊ぶ気がないのなら無駄だと我々を追い払った。きっと奥で椅子《いす》に座っていたいんだろう。笑顔なし、親切度ゼロの対応である。

店長が、あきれたように呟《つぶや》いた。

「情報を求める客にあんな態度をとるなんて、ひどいなあ。よくないですよ。絶対よくない。ＩＴ長者、マジでやらないかなあ。その気になったら成功すると思うんですけどねえ……」

第三章

エロスのお仕事

イケナイ、
スレスレ主婦モデル

おい
美奈さん(仮名)
ウフン…
そんな方法で
お金を稼いで
教育費だのローン
だのってねー
あんた
バカじゃ
ないの?
恥を知れ
恥を…
くぅ〜…
ああっ…
………
………

ぼくはライターの他にネット専門の古本屋をやっていて、個人からの依頼で不要本の買取に行くことが少なくない。古本屋と客の関係とはいえ、見知らぬ人の家を訪問するわけだ。

これまで、ひとり暮らし女性のマンションに上がり込んだり、ジジイのエロ話を延々と聞かされたり、なかなかスリリングな経験をしてきたが、なかでも印象的だったのが浅野美奈（仮名）という主婦だった。

首都圏にあるベッドタウンを訪ねると、待ち合わせ場所に現れたのは〝30代後半の主婦〟のイメージとかけ離れた派手な女性だったのだ。男なら誰でも目を釘付《くぎづ》けにされそうな巨乳を強調するニットのセーターと、レースクイーン顔負けの美脚を目立たせるミニスカート。色気ムンムンなその姿は、見事に町並みから浮きまくっていた。

だが案内されたのはごく平凡な建て売り住宅で、内装なども地味。しかも、到着するなり「お昼までですよね」と台所へ立ち、手早く作ってくれたのが煮物やみそ汁といった典型的な〝お袋の味〟で、庶民的な生活を想像させる。だからまぁ、格好は派手だが普通の人なのだなと思い直した。

ところが、売りたい本というのがエロ雑誌である。それも、コンビニで売ってるようなものではない本格アダルト物。いったいどうなっているんだろうか。動揺を隠して査定をしていると、美奈さんが言った。

「家のローン返済が大変なので、アルバイトでモデルやってるんです。脱ぎはやりませんよ。ヌードじゃなくて下着のモデル。ときどき雑誌のグラビアもやるので、ここにあるのは掲載誌や、バイト探しのために買い集めたものなんです。表に出るときはちょっとサバ読んで25歳・OLってことにしてますけどね」

25歳って……。10歳もサバ読んでるよ。

まあいい。そこまでして、夫に内緒でアルバイト。いわゆる内助の功ってやつなのか。

だが、どうやらそうではないらしい。エロ雑誌を広げっぱなしで話していると高校生くらいの女の子が家に入ってきて「娘です」と紹介されたのだが、美奈さんは雑誌を隠そうともしないのだ。しばらくして、ぼくよりかなり年長の夫が帰宅したときも、平気な顔。ぼくは、変わった一家だと思いながら帰宅した。

そして翌年の元旦《がんたん》。美奈さんのことも忘れかけた頃、年賀状が届いて仰天した。なんと上半身ヌードである。乳丸出しなのである。

さらに数カ月後。今度はメールで、ホームページを開設したからリンクして欲しいとの連絡があった。もしやと思ったが、見ると過激さはさほどないものの18禁サイト。いつの間にか、脱ぎ解禁になったようだ。

しかも、かなりきわどいヌードが山盛り。そうかと思えば、ナースなんていう、少々無理のあるコスプレ写真も大量にある。

狙《ねら》いは当たったようで、サイトはものすごいヒット数を記録していた。撮影会を行ったり下着を販売しているところを見ると、これもアルバイトの一環なのだろう。

そういえば買取に行ったとき、美奈さんは「自分はあくまで主婦で、援助交際とか犯罪の可能性のあることは絶対しない」と言っていた。逆に言えば、家庭を壊さない範囲なら、どんなアルバイトも引き受けるとも解釈できる。

専業主婦のアルバイトというと、まず頭に浮かぶのはパートタイマーだ。限られた時間を有効に使ってコツコツと生活費の一部を稼ぐイメージである。しかし、それは実態を知らない人間の発想。世の中にはもっと大胆に稼いでいる主婦がいるのかもしれない。

開設2年ほどしてサイトが閉鎖されたのを機に連絡を取り、ぼくは久しぶりに彼女の住む街にクルマを飛ばした。自称〝平凡な主婦〟が内職感覚でできる、きわどいバイト仕事とは、いったいどんなものなのか。

このカラダで稼げないか

そういえば年賀状届きました？　結婚してるって聞いたからイタズラで送ったんですよ。驚いたでしょ。奥さんに見つかりました？　なんだ、先に気づいて隠したのか。つまんないの。あはは。

えーと、私のバイト歴ですよね。そんなにキャリアは長くないですよ。7年ぐらいです。動機はもちろんお金。うちのダンナは堅い会社に勤務していて、それなりに安定はしてるけど高給取りではないんですね。でも、何度か転勤していまのところに落ち着いたので、思い切って家を買ったんです。

もちろん長期ローンを組みましたけど、子どもの進学のこととか考えたら、私が稼がないと経済的にきつい。それで、何かいいバイトはないかと探すようになったんです。

その前にも、20代の頃は子育てしながら内職もしましたよ。でも、せいぜい生活費の足しにする程度しか稼げない。私は家にいるのが好きだし、子どもが学校から戻ってくる時間には家にいてあげたい。そうなると、スーパーのレジ打ちとかはムズカシいんです。いわゆるフツーのバイトは全般的にそう。で、家を空ける時間が少なくて、効率よく稼げるバイトはないかと探し始めたのがきっかけ。

最初にやったのは『じゃまーる』って個人情報雑誌で洋服とかを売ること。これは順調に売れました。やってるうちに、同じものを売るなら顔写真付きで情報を出すほうが目立つし売れるってことに気づいたんですよ。

そこで、あるとき水着の写真を出して、この水着売りますってやったら、300通の申し込みがきたの。半分以上が男で、ナンパ目的のも多かったんだけど、なかにはアマチュアのカメラマンから「モデルになってくれ」というのもあったのね。

それで、公園で撮るだけという条件でやってみたんですよ。そうしたら、1〜2時間で1万円とかもらえるでしょう。あ、モデルって素人《しろうと》でもできるんだって思いましたね。プロポーションに自信があっても、モデルなんて無理だと思うじゃないですか。それが急に身近になった。自分のカラダがお金になることを意識したのはそれからですよ。

自分の服を処分するんじゃなくて、安い服を買ってきて、着た姿を写真に撮って載せれば、いい値段で売れるんですからラクですよ。わざと露出度の高い服を出してね。そのうちファンらしき人も出てくるから。私の場合、『じゃまーる』時代からずっと追いかけてくれる熱心なファンがけっこういるんです。美奈ちゃんが売るものは無理してでも手に入れたいって人が。

美奈さんは大学1年のとき18歳で結婚。相手は35歳とかなり年上だった。じつはこのことも、バイトを探す要因のひとつなのだ。彼女が33歳のとき、ダンナはすでに50歳。家のローンを返し終える前に定年退職になってしまう。

この不景気では再就職などアテにできない。19歳で母親になって以来、おとなしく専業主婦をしてきたが、将来のことを考えたら不安だらけというわけだ。

主婦として、母親として、封印してきた「女」の部分が武器になる。『じゃまーる』での経験でコツをつかんだ美奈さんは、雑誌がなくなってからタイミング良く普及してきたインターネットにターゲットを切り替え、通販を継続。ネット上に顔を出し、ナイスバディにものを言わせて利益を得るとともに、ファンを獲得していった。通販は、家にいたい彼女にとってバイトの基本なのである。

儲《もう》けるコツはイメージを膨らませてあげること

その辺のスーパーで200円ぐらいで売ってる服や下着を私が身につけてヤフーオークションに出し、1万円で売るとか。これまでオークションでの最高額は21万円。それなりにいい服でしたけど、元は数千円です。もちろん買ったのは男。競《せ》り合っちゃって、どんどん上がった。おいしいよね。

まあ、すべてこんなにうまくいくわけでもなくて、ときには原価割れなんてこともあるけど、主婦のバイトとしてはいちばん堅いんじゃないかな。〝私が着たもの〟っていう付加価値の部分が大きいんだろうけど、私なんてただの主婦なのにねえ。あ、ネットじゃ25歳のOLで通してるんだった。ははは。

ネットの世界ってイメージの世界。私のようにマイナーに活動していると、逆に世界中でボクだけがキミを知ってるんだよっていう、思いこみの強い男が出てくる。だから、そのイメージを膨らませるだけ膨らませてやることよね、コツとしては。

そりゃ、買うだけじゃ気が済まなくて会いたがる男は山ほどいますよ。あまりに何でも買うので、無視するのも悪いと思って会ったことも何度かありましたけどね。だいたいは、シャイでいい人たちですよ。私に会っただけで満足。夢みたいだって。だけど、なかにはホテルに誘ったりする男だっていないわけじゃない。行きませんけど、お得意さんだし、あしらいがムズカシいところね。浮気？　しませんしません。そりゃお金は欲しいけど、ウチはこれでも家庭円満だから、それを壊すようなことはしませんって。

その代わり、ファンは引っ張れるだけ引っ張るわよ。細く長く、どこまでもついてきてくれるようにするにはどうするか。いつもそれを考えてる。自分だけがこの女のことを熟知しているとか、自分が見守ってないと心配だと思わせるようにね。

ダンナも公認のグラビアモデル

ヤフオクとかで手堅く儲けている主婦なら、いくらでもいるだろう。だが、短時間で稼げるバイトの魅力に目覚めた美奈さんは、服や下着を販売するだけでは終わらない。

なんと、いきなりグラビアモデルに進出するのだ。

『じゃまーる』で知り合った女性の紹介で、ディスコのお立ち台で踊るアルバイトをしたとき、雑誌に載ってファンレターがいっぱいきた経験があったのね。で、こういうのも狙えるなと。エロ本を研究してみたら、素人モデル募集ってよく出てる。それで、電話で問い合わせて仕事をするようになっていったんです。下着姿までで5万とかもらえたら悪くないじゃないですか。あと、どんな業界なのかっていう興味もあったし。

でもね、エロ本ってけっこう頭が固いんですよ。素人モデルを募集しているくせに、電話すると「いえ、うちはデビュー前のAV女優を募集しているんです」とか言う。素人だと約束を守らないとか、とんでもないのがくるとかあるんでしょうけど。雑誌に載せた後で親や男、ダンナが乗り込んできたりとかってこともあるらしいですよ。

そんなとき、ある雑誌の編集長が、当時人気があった青木裕子にグラビア撮影を依頼したら断られた。うちはエロ本だからアイドルには断られてしまうのかとショックでしたって、独り言のような編集後記を書いていたんです。なんとなく、いい人のような気がして電話をかけ「胸では負けてないけどどうよ」って売り込んだら、いきなり表紙デビューできちゃって。表紙と水着のグラビアです。

とはいえ、なかなか採用されないので、女性誌の読者モデルにもガンガン応募しました。女性誌はギャラは知れてるけど、おもしろいから好き。エロ本やってるのがバレるとまずいんで、名前を変えてやったり。ある程度は信用できて、マイナーな雑誌ならなんでもよかった。

人目につくのがマズイんです。子どもが学校でからかわれたりしたらイヤだし、ダンナは堅い勤め人ですからね。それに、ヘタに人気が出てすぐ飽きられるより、地味でもずっと仕事があるほうがローン返済のためになる。そのへんはシビアですよ。勘違いしないでね。グラビアに出るのはダンナも公認。最初から言ってたんだから。ダンナからは「子どもが見るような雑誌は困る」と釘を刺されただけでしたね。あとは、どんなに遅くなっても電車が動いている時間に帰ることを約束したくらい。理解がある？ う〜ん、そういうことじゃなくて、お金が必要だし、子どもはしっかり大学まで出さなきゃならないんだから。人間、できることってかぎられますよね。私の場合はそのひとつがグラビアだったというだけなんです。

エロ本のモデルでもファンがついて順調だったんですが、狭い世界だからひとまわりすると仕事がこなくなる。マメにやれば、自宅でできるオークションで月に20万ほどにはなるから、モデルで10万も稼げればよかったんですけど、売り上げが落ちてきた。

一定の金額はキープしていたんだから通販専門に戻ったっていいんだけど、せっかくファンが増えてきただけに、もったいないでしょ。ファンから稼がせてもらわなくちゃならないのに。

タレント志望ならとっくにヤラレてた

「でも本当は浮気とかしたことあるでしょ」

ルックスは派手、やってることもかなり大胆なのに、実態は貞淑な人妻。このギャップについていけず、しつこく尋ねるたびに、美奈さんはムッとしたように首を振る。

が、アマチュアカメラマンのモデル程度はともかく、グラビアモデルとして顔をさらせば、おかしなファンにつけまわされる危険もある。業界人だって声をかけてくるだろう。危ない目に遭ったこともないのだろうか。

そりゃあります。カメラマンのセクハラとか多いですよ。でも、やばそうだと思ったらすぐに帰ることにしてるから。それで仕事がなくなったってかまわない気でいると、相手にもわかるみたいですね。

ただ、私がタレントとかモデルで成功したい、どうしても売れっ子でいたいと思っていたら、ヤラレていたんじゃないかな。セックスして仕事になるなら、まあいいかって感じで。主婦のバイトだから、そこまでしないだけです。

そういえば、何年か前にプライベートクラブに登録していたこともありますよ。気に入った女性と外で会い、あとはお互いの気が合えば……っていうやつなんだけど、まず１００％、相手はヤリたい。そこで私は年寄り専門ってことにしたの。年寄りだと食事だけでもすごく喜んでくれたりするので。おいしいものを食べて話し相手になって、５千円ももらえれば別にいいやって感じ。ほどほどを狙《ねら》う考え方でいれば、危険度も減るんじゃないかな。

いまはネットに出会い系サイトがいっぱいあって、たまにおいしいものを食べたくなると行ったりもするけど、結局は援助交際システムみたいなもんだから積極的じゃないですね。

それより、ヤバイといえば女ですよ。５、６年前ですけど恐喝されたことありましたから。やはり『じゃまーる』で知り合って、情報交換したり、遊びに行ったりしてた年下の女だったんだけど、エロ雑誌に出ていることをダンナの会社にバラすと電話してきて。

会社に知れたら、まずいことになるんじゃないかと心配して、仕方なく50万払ったら、しつこく脅してきましたよ。さすがに頭に来て、これ以上やったら訴えると伝えると連絡がこなくなったんですけどね。なんか借金でも抱えていたんじゃないですか。そんなことがあっても、グラビアをやめようなんて思ったことは一度もないです。深刻な人って多いんですよ。とくに、家のローンを抱えてダンナがリストラされた家庭の主婦とかはシャレにならない。オークションで稼いでいることを聞きつけてきて、やり方を教えてくれと頼まれることとなんてしょっちゅうです。私の隣の家なんて、どうにもならなくなって夜逃げしましたから。生活のために援助交際してる主婦なんて、いくらでもいるはず。何人か知ってますが、若い主婦だけじゃなくて、誰がアナタに金を払うのよと思うようなオバサンもいますよ。

ヘアは出してもパンティは脱がず

自らのカラダを武器にきわどく稼いできた美奈さん。グラビアの声がかからなくなってきたところに、新たなバイトが転がり込んできた。アダルトサイトである。あるアダルトコンテンツの会社が、美奈さん単体のサイトを立ち上げる計画を持ちかけたのだ。

毎週更新されるギャラリーへの出演が条件で、給料制。金額的にはＯＬの給料程度だが、オプションとして、他のコンテンツで通販などができ、売り上げの大半が懐《ふところ》に入る。会社側はすべての制作費を出し、広告収入で運営。そのためには、クライアントを納得させるだけのヒット数を叩《たた》き出すことが必須である。

となれば、ギャラリーに掲載される写真が命。アダルトサイトとしてはソフトといっても、ヌードは避けて通れない。とうとう「脱ぎなし」の鉄則を破る日がきたのである。

だが、逆に言えば『じゃまーる』以来、下着までモデル稼業《かぎょう》をやり抜いてきたのである。脱ぎそうで脱がないってことでは、かなりがんばったほうではないだろうか。美奈さん流に言えば、何年もファンを引っ張り抜き、とうとう勝負のときがきたわけだ。

胸を出すのは、う〜ん、いやだったんだけどね。でも、見る人が少なければクビになっちゃうし、人気サイトにするためにはしょうがないかと割り切って脱ぎました。これだったら、オークションとグラビアのファンをまとめて引っ張れると思えたしね。

でも、パンティは脱いでないのよ。ほとんど脱いでるのと変わらない写真もあるけど、パンティを脱いだら、もう後がなくなっちゃう。どんどん過激になるだけ。そこまでは見せたくないもの。どこかで一線を引かないと不安なのね。

その甲斐《かい》あって、2年で軽く100万ヒット突破、人気サイトに成長したわよ。熟女好きの男って多いみたい。北尾さんも見てくれたんでしょ。

大変なのは1日に1000通もくるメールへの対応。日記もつけなきゃいけないし、家ではいつもパソコンの前に座ってた。1台しかないから、子供たちにも大量のメールがきてることはバレバレね。エッチなタイトルのも多いので、誤解されるといけないと思って、これは仕事だと言ってます。「お母さんがメールを読むのは遊びじゃないの、お金をもらって読んでいるの」ってね。サイトがどんな内容なのか想像はついてるみたいだけど、見てはいないんじゃないかな。母親のヌードなんて、見たくないでしょう。

誤算といえば、写真をタダで見られるせいか、思ったほど通販が伸びなかったことですね。撮影で使用した下着とか、売ったんだけど。その代わり、撮影会が大盛況。全国にいる熱心なファンが、私を呼んでくれるのがうれしかったです。

でも結局、2年が限界だったかな。広告収入が予想以上に伸びなかったみたい。今後は制作会社の意向で、現役AV女優をメインにしたサイトにリニューアルすることになりまして。ショックだったけど、これぱかりはどうしようもないわよね。

アルバイトで3千万は稼いだわ

やや伏し目がちに肩を落とす美奈さんであった。しかし、転んでもただでは起きないのがスレスレ主婦の意地。何か戦略を練っているに違いない。胸は見せた。ヘアも見せた。つぎは何を見せるのか。

「じつはこの前、ビデオに出ました。AVじゃないわよ。コスプレ中心で、脱ぎはなしのセルビデオ。マニアとコアなファン向けですね」

なるほど、ビデオがあったか。しかも、AVを避け、マイナー路線を選ぶあたり、バイト主婦のポリシーにふさわしい選択である。

「これが売れてくれれば第2弾が出せるんだけど……」

結果はわからないが、ここまでファンを引っ張ってきた美奈さんのこと。たとえダメでも撮影会その他のミックス作戦で、しばらくはバイトに困ることはないだろう。

「そうですね。コンスタントに30万の月収があって、たまにボーナス的な収入がプラスされたら、まずまずなんですけどね」

その金額は、すでにバイトの域を超えていると思うのだが。ということは、少なくともここ数年間、彼女はそれ以上の収入を得ていたということだろう。

安定したダンナの給料と美奈さんのアルバイトで、ローンを返し、学費を捻出《ねんしゅつ》し、つましく生活する。あとはバイトで稼げるだけ稼いで貯蓄に励めば、定年後の人生設計も万全だ。きわどい仕事に手を染めながら、週に6日はおとなしく家にいて、波風ひとつたてることなく主婦を貫く。見事である。いったいどれほど稼いだのだろう。

「バイトを始めて7年でしょ。2千万ってことはないわね。3、4千万ぐらいかな」

笑いながら答えると、美奈さんは一丁アガリの表情で席を立った。彼女にとってはこのインタビューも、あくまでバイトなのである。慌《あわ》ててバッグを探り、用意したわずかな謝礼を支払う。

彼女はこの金で下着でも買うだろうか。オークションで2、3倍に増やすために。

人呼んで、裏人形師——
ダッチワイフ製造業者

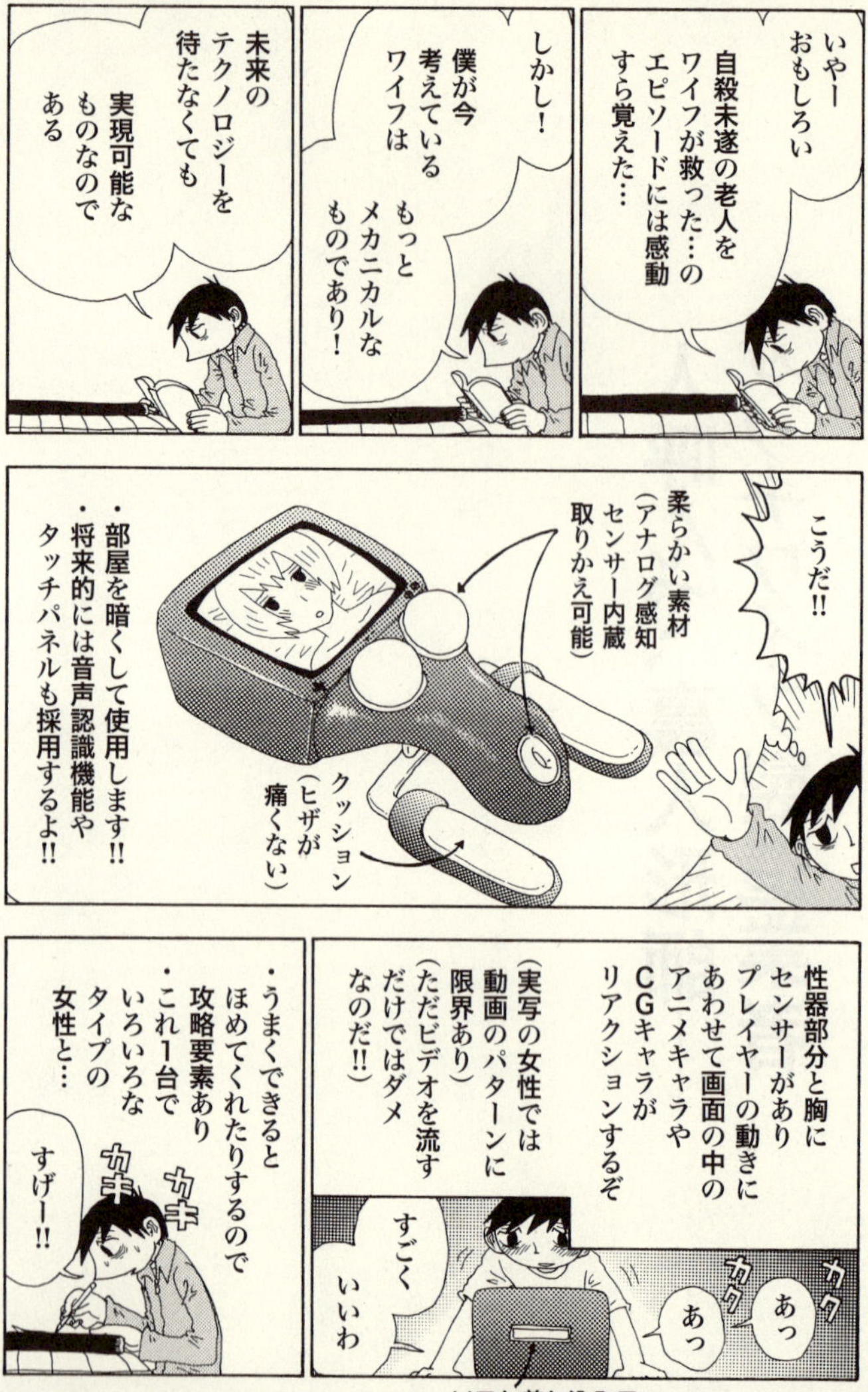
いやー
おもしろい
自殺未遂の老人を
ワイフが救った…の
エピソードには感動
すら覚えた…
しかし！
僕が今
考えている
ワイフは
もっと
メカニカルな
ものであり！
未来の
テクノロジーを
待たなくても
実現可能な
ものなので
ある
こうだ!!
柔らかい素材
(アナログ感知
センサー内蔵
取りかえ可能)
クッション
(ヒザが
痛くない)
・部屋を暗くして使用します!!
・将来的には音声認識機能や
タッチパネルも採用するよ!!
性器部分と胸に
センサーがあり
プレイヤーの動きに
あわせて画面の中の
アニメキャラや
CGキャラが
リアクションするぞ
(実写の女性では
動画のパターンに
限界あり)
(ただビデオを流す
だけではダメ
なのだ!!)
カク
カク
あっ
あっ
すごく
いいわ
ソフト差し込み口
・うまくできると
ほめてくれたりするので
攻略要素あり
・これ1台で
いろいろな
タイプの
女性と…
カキ
カキ
すげー!!

裏人形師は一見フツー人だった

知っている人は知っていると思うが、ダッチワイフというのは女性器をつけた人形である。男性誌のちょっと怪しい通販コーナーには必ずといっていいほど掲載されている。もちろん安くはない。最低クラスのビニール製でも7、8千円。そして高級品になると10万円を超えるものもある。この差は素材による肌ざわりのリアル感や、製造工程の複雑さによって決まるわけで、確かに高級品は「さすがによくできてるナー」と思わせてくれる。

でも、それはあくまでダッチワイフとしての話。眼が開閉するとか工夫はされていても、たいていは口がポッカリ開いたワイフ面《づら》。いくら〝前から後からお口から〟のコンビニエンスなグッズといっても、よほど困ったらこいつでガマンできる程度、というのがぼくの正直な印象だ。

以前、7万円で購入・実験したワイフは顔がマネキンでワイフ面ではなく、かなりいいと思ったけれど、しばらくすると愛情もなくなり、空気を入れることが面倒になり、いつしか粗大ゴミと化してしまったもんな。

しかし今回、取材OKの返事をもらった『ハルミデザインズ』というメーカーの島津氏は、自らを〝人形師〟と名乗る人だ。商品もワイフ面とはほど遠い。男のささやかな、またはちょいと異常な楽しみであるダッチワイフについて真剣に研究している職人ではなかろうか。あるいはまた、儲《もう》けた金でワイフ御殿を建ててしまったおそるべき商売人かもしれない。

いずれにしても、人形師を名乗るなんていかにも怪しい。ともかく話を聞きにいかねばと、足を運んだ先は、意外にも東京・世田谷区の閑静な住宅街の一角。上品そうな奥様や初老の紳士が犬の散歩をするのが似合いそうな街並みだ。

こんなところでダッチワイフが作られているなんてと開いた口がふさがらない、いや驚かずにはいられない。もっとも、後で聞くとここでは顧客管理と発送業務中心で、工場は別の場所にあるとわかったのだが。

外から見えないようにブラインドが下ろされているため発見に手間取ったが、なんとかオフィスにたどりついた。

ドアを開けると、まず目に飛び込んできたのがパソコンを操作する女性事務員。手前に応接セットがあり、壁に沿ってダンボール箱が積まれている。奥の方は目隠しがあって見えにくいが、机があり電話があり、やはり各種ダンボールが積み上げられている。ダンボールには有名下着業者のものもあり、本体以外のものはこうやって既製品を使っているようだ。つまりそれだけ元手をかけているということなのか。

「どうも、島津です」

落ち着かない気分で周囲を見回していると、奥から中年の男が現われた。人形師は、着流し変態おやじ風でも白衣のマッド・サイエンティスト風でもなく、一見おだやかな顔をしたフツーの人だった。

このスポンジを有効利用できないか？

さて、ここで『ハルミデザインズ』の商品を紹介しておかなければ。さっきワイフ面ではないと書いたが、ここのは従来のダッチワイフのイメージとはかなり違っているのだ。ワイフというより少女人形。それも和風。名前もよくある「○○2号」とか「○○ドール」っていうのに比べて「さちこ16歳」「みちこ16歳」「幼いあいこ」と人間的だ。まあ人間の名前だから当たり前だけど、ようするに人形イメージで売ってますよ、派手さはないけど本当にお役に立てるのはウチの商品ですよ、と言いたげなのである。

宣伝コピーも自信にあふれている。さちこでは《実在の都内私立女子高生（1年生・16歳）を立体解析法で忠実に再現！》と大きく出しておいて《16歳でも人形だから淫行《いんこう》になりません》とわざわざ書く。笑うなあ。だが写真のさちこがあまりにもリアルなので《実物写真を公表できる自信作！》《ダッチワイフと呼ばないで！　私は貴男《あなた》の等身大の恋人》というコピーが活《い》きている。

また、さちこと双子の妹という設定で開発されたみちこはマタを開きバックから攻めやすくしたカタチ。さらに、ロリコンドールのあいこは等身大ではなく60センチ。ここには《バッグに入るちっちゃなカラダ！》なる名コピーがあって笑わせてくれる。

とまあ、メイン商品は以上3点。これに付属の洋服やカツラ、下着、性器などを加えたものが、『ハルミデザインズ』の商品ラインナップなのだった。

さて島津氏が「さちこ」をひっさげて業界に参入したのは1986年。もともとは、まじめに工業用の動力電動機や分ぱん器を作っていたのだという。

「そんな中で、たまたまこの素材にぶちあたったんですよ。スポンジなんですが特殊なもので、普通の町工場では扱えない素材を手に入れるルートがあった。加えて、ある特定の型に流し込んでモノを作るノウハウを持っていた。このふたつを、うまくドッキングして何か作れないかと。そして考えた結果、出てきたのがこの人形だったんですよ」

　どこをどう考えれば機械屋さんがダッチワイフにたどり着けるのか。島津氏によると「ふとひらめいただけ」らしいのだが、さすがにスッポンポンの人形というアイデアを出したときは、周囲の人に笑われたという。

　スポンジで人間の肌を、しかも売り物として通用する値段で作るのは、億単位の投資をしないかぎりコスト的にムズカシいことなんだそうだ。が、研究を重ねるうちに低コストでの商品化のメドはついた。

　しかし、それまでの堅い商売から一転してアダルト業界である。その発想はかなり怪しい。第一、業界人としてはズブの素人《しろうと》だ。どうやって発売にこぎつけたのだろうか。僕の興味はそこに強くかきたてられた。

「まず、よそはどういうモノをやってるんだと取り寄せてみたら、どれもこれもいいかげんなんですよ。口開けてたりで全然ソノ気になれない（笑）」

　氏の〝スポンジ使用の人形〟という発想は、それまでなかったものである。ダッチワイフといえばフッーは空気を注入するタイプが主流だ。

「多いのは空気でふくらますヤツですね。ところが空気でモノをふくらましますと、断面は必ず円形になるんですね。胴体でも手でも、切ると円になる。実際の人間のカラダって、円ってことはありえない。それじゃあ輪切りのハムだ」

スポンジなら、よりリアルにカラダを表現できると島津さん。これが、最大のメリットという。

大げさにいえば人生賭《か》けたほどのスポンジだ。試しにちょっと触らせてもらう。ここは感触をチェックせねば。

うーん確かにスベスベで、しっとりと濡《ぬ》れた感じがする。スポンジといってもビーチサンダルのそれとはまったく違う特殊なものなのだそうだ。ぼくは、これまでに見た4人のワイフのなかで、リアルさという点ではさちこがNo.1だと思った。いやホンマ、言っとくけど一切ヤラセはないからな。島津氏の肩を持って、ぼくがトクすることは何もないよ。

逆にスポンジのデメリットといえば、空気を抜いて小さくできないこと。ワイフ購入者にとって〝小さくなってしまい込める〟〝目立たない〟ことは重要なのだ。でも人形師の思惑通り、結果的にさちこは、ロングセラー商品になった。リアリティは便利さを超えたのだ。

ワイフ業界を徹底調査する

さちこを開発する日々が続く。女子高生のデータを入手し、プロポーションを決定。ポーズはどうするか。性器はどうするか。表情はどうするか。いずれにしても一般的には大のオトナが真剣に悩むようなことではない。

「ちょっと脚の角度が図面と違うな、これじゃあイレにくいんじゃないか」

「尻《しり》はこれでいい。見ろよ、完璧《かんぺき》な曲線だろう？　うん、ソソるねえ」

そんなモノに入れ込む島津氏を見て、去っていった人もいた（当然だと思う）。

しかし、その程度のことでメゲる氏ではなかった。彼は、まずダッチワイフの業界がどんな仕組みになっているのかを徹底的に調査した。横のつながりはあるのか。商売の方法にシキタリはないのか。

中でも心配だったのは、こういうモノを売っているのは、その筋の人たちなんじゃないかということだった。しかし、実際にはそういうことはなかった。

それからワイセツ物のほう。せっかく開発してもヤリ過ぎでお縄ちょうだいではなんにもならない。人形型ワイフが法律にひっかからないかどうかも調べ、刑法に触れないことを確認した上で前に進んだ。最初のひらめきから商売開始までに要した期間は軽く数カ月。

業界のほうは、特殊な業界だから情報は筒抜け、あるいは横の連絡網があるのかと思っていたが、そんなことはないらしい。みんな勝手に商売をやっているそうだ。

「この業界はおかしなもんで、てんでバラバラにやってますよ。業者組合があるわけでもないし。お互いにジャマし合わないという暗黙のルールはあるみたいですけどね。他社が広告する媒体にはなるべく載せないとかね」

そういうものか。通信販売業者のシェア争いは、意外にも紳士的に行われているようである。

販売のやり方は、ほぼ全面的に広告に依存している。『ハルミデザインズ』は10誌ほどだが、なかには80誌も広告を打つ業者もある。通販だから雑誌中心はあたりまえだけど、媒体によって効果の差は歴然。さちこも最初は『週刊実話』でデビューした。なんだかんだいってもワイフの場合、実話雑誌が強い。若者向きエロ本は、イマイチとか。ま、ワイフは高価だし、しかたないところだろう。

媒体露出、つまり宣伝の打ち方には自社広告と相乗り型がある。相乗りの場合は、たとえばどこかのショップや大手通販メーカーが代理店のようなカタチをとって販売するパターンだ。これで売れた場合には手数料を支払う。広告・宣伝費と代理店のマージンが組み込まれているから、どうしても通販グッズは割高になるのだ。

ワイフにかぎらずその手の通販グッズの場合、広告をよく見ると、ひとつの商品がいろんなところに顔を出していることが多い。ひどいケースになると商品名まで変えられていることもあるから注意してくれ。

理想的な16歳を具現化する

長女のさちこは年齢16歳で身長152、バスト80A、ウエスト56、ヒップ80。こういう設定を選んだのには理由がある。

最初、いわゆるムチムチプリンのグラマータイプかスリムタイプかで意見が分かれた。いざやるとなったらオッパイなんかデカいほうがいいと主張する人間もいたが、人形師・島津氏は冷静に言った。

「よく考えてみろ。後々の運送コストのこと、材料を食うことを考えたら、なるべく細身でちっちゃいのがいい」

さすがは経営者だ。受け取る人も、実はこのほうがいいのだ。送られてきた荷物が大きいと目立ってしまう。なにせ、さちこは空気注入式ではないのだから。現物を見ると、人間が入っているとは思えないサイズ。誰もワイフとは思うまい。ま、箱を見ただけでワイフかもしれんなんて考えるヤツはいないけど、不在のときなんか変にデカイと興味本位で開けられないとも限らないからなあ。

でも本音はコストの問題とみた。箱の大きさも2トン車にうまく積めるよう計算されている。なかなかのヤリ手である。もっとも、それが定価にハネかえって来るのだから、何も文句はないけどね。

女子高生にすることで興味をそそるという狙《ねら》いもあった。

「これは逃げ。小さいんだよとは言いづらいから。高1ってことは女子高生の中でも一番小さいわけでしょう」

なるほど、よく計算されている。さらに女子中学生にしてしまえという意見も出たが、

「そうなると、うしろめたいんじゃないかと（笑）。いくらなんでも義務教育の子をつかまえてね、スッポンポンにして〝さあ使いなさい〟では、ちょっとこれ、道義的なものがある」

よくわからん理屈だがワイフ製造業者にもモラルはあるのだった。

具体的な数値設定は大手メーカーの〃理想的数値の計算法〃に沿っている。現実の16歳はもっと太いそうだ。つまりこれはいそうでいない16歳の具現化なのである。人形師はそういって胸を張った。

さちこの、もろに日本的な外見はけっこう色っぽい。髪型や顔はモデルがあるんだろうか。

「誰かに似せると肖像権の侵害とかウルサイんですよ」

デザインコンセプトは、とにかく日本人であること。理由は、買うのが日本人だから。

「日本人って顔してるの、あまりないんですよ。金髪だったり眼が青かったりでね。'86年というと、後藤久美子とか美少女ブーム。『よし、これでいこう』ってことで」

さちこの眼は閉じている。これもワイフには珍しいが、「美少女が眼をあけたままセックスするとは思えない。ためしに作ってみたらロウ人形のようになって気味が悪かった」ので閉じさせた。

でも、これにもちゃ〜んと商売上のメリットがある。眼をあけているのは眼に色をつけたりしなければならず技術的にムズカシイ。また、それだけじゃなく、ここの製品には〃化粧セット〃がついている。あなた好みの女にしてあげてくださいというわけなんだけど、裏がある。そのほうがメーカーとしては手間が省けてラクなのだ。

じゃあ購入した方はどうかといえば、解説書に従えば簡単に眼と眉毛《まゆげ》は描けるからおもしろい。単なるワイフなら面倒だが、人形だと思えば愛情が湧《わ》く。

ハンデは必ず逆手に取る根性。そんなところまで考えているなんて、こりゃシタタカだわ。

オプションを付けるアイデアと商魂

どんどん話が弾む。もはや人形師は満面に笑顔を浮かべ、冷静さを装《よそお》いながらも親が我が子の自慢をするような熱い口調になってきた。聞いているこっちもノセられて、さっきから〝それはスゴイ〟とか〝さすがですね〟などとしきりに相槌《あいづち》を打っている。いま、録音テープを聞いていて、なんでお互い昼間からこんなに熱くなってるのか不思議でしょうがないゼ。

「さちこを何年間かやっているうち、お客さんからいろんな意見をもらいました。『せっかくスポンジでできているんだから足が曲がればいいのに』っていうのが多かったんです」

「なるほど！　体位のバリエーションですね」

「ほら、ここんとこを、こう曲げようとすると逃げちゃってうまくいかないでしょう」

さちこを取りだして解説する人形師。

「無理して開いてこわしちゃう人も出てきて。それでイチかバチか、曲がったやつも作ってみようかということになって……」

「で、みちこが出たと」

型は同じ。'88年暮れに下半身だけ売り出したら大反響。手乗りダッチ感覚とでもいおうか。第3弾・あいこになると完全に子供に近い印象。手乗りダッチ感覚とでもいおうか。


ここには〝置き場所に困る〟というスポンジ製品の弱点を解消しようという狙いもある。

ああ、商魂。そして工夫。このふたつが結びつけば強いよなあ。

人形師のアイデアはとどまるところを知らない。これで生計を立てていくんだという気合いも十分にあっただろうし、アイデアをカタチにする技術を自社で持っている自信もあっただろうけど、もともとモノ作りが好きで、コスト意識のしっかりした人なのだとぼくは思う。

オプションの整備も彼のアイデア。一般的なダッチワイフメーカーやアダルト歴が長い人は、なるべくセットで売ろうとするが逆を突いた。着せ替え、消耗品の補充によるリピーターの育成である。早い話がお得意さんを作ればオイシイってことだ。

「ようするに客の好みでセーラー服もあります、ブラもパンティもあります、パジャマを着せて一緒に寝ることもできますと。それから陰毛もありますよ、カツラもどうぞ。なおかつ単品も購入できますし、さちことみちこの併用もできる。性器にも2種類あります」

人形でもありワイフでもあってほしい客のニーズがわかってるよな。しかもカツラや陰毛は人毛、下着はメーカー品だからボッてるわけじゃない。むしろ、ていねい。なんかこう、良心的なところだなって気分になります。さちこに飽きたらみちこの本体だけでも購入できるしね。

さちこが自殺未遂の老人を救う

さて、この業界のメインユーザーは半数以上が中高年。単身赴任者か独身者が主流だと思っていたが、ごくフツーのビジネスマンにもファンがいるという。送り先を自宅以外にも宅配便の事務所とか郵便局留めという具合に指定できるから、がんばって買うらしいのだ。1メートル52センチのさちこは、書斎の押し入れにでも住まわされているのだろうか。

ロングセラー商品のさちこは、通算すると縦につなげればエベレストを軽く超えるくらい売り上げた。3体で月に数百体売れるというから〝やるなあ、みんな好きだねえ〟としか言いようがない。

「ビジネスとして成功だったという実感はありますよ」

人形師は自らの決断が間違っていなかったと胸を張った。

それにしても人類はスケベだ。いいオヤジが〝さっちゃん、かわいいよ、ウグゥグ〟なんてやってんのかねえ。購入者の最高年齢は77歳っていうんだから。

「養老院からここにツエついて買いに来た人もいますからね」

男のあくなき煩悩《ぼんのう》パワーは、たとえ老いたとしても、決してあなどれないのだ。

通販グッズファンは、悩んでいたり好奇心が強いくせに、それを利用してダマす業者が多いために、広告をまず疑ってかかる。信用しない。ワイフなどは高いから余計にそうである。カツラ付きとはいえ5万8千円もするさちこなど、写真入りでも信用してもらえない。10万円以上するワイフにもひどい商品があるし、誰もが1度や2度は苦い思いを経験しているからだ。

「写真を見て、あれは人間だろうと言われる。人形だといっても信じてくれない。ずっと広告を出し続けることで、やっと信用して購入する方が多いですね」

変わったワイフファンもいる。女房に先立たれ、自殺未遂までしてうちひしがれていたところへ雑誌でさちこの存在を知り、購入。この人はお礼まで送ってきた。もはや高齢でナニはできないけれども娘のように可愛《かわい》がっている人もいる。さちこが生き甲斐《がい》になっているのだ。人形の力である。口パックリのワイフではこうはいかない。こんなところで人助けまでしているとは、さすが人形師……。

「うん、だからこの仕事は奥が深いですよ」

そうなのだ。アダルト通販グッズっていうのは、どこで誰がどういう風に使っているかわからないけれど、それぞれに奥があると思われる。まして人形の要素が加わっているのだ。妙な世間体や常識の呪縛《じゅばく》から逃れることさえできたら、おもしろい仕事といえるかもしれない。

「いままで何人か1、2年使ってから返品してきた人がいますよ。愛着が湧いて処分できないんですね。それぐらいもう、愛情を感じてしまう、心のスキマを埋めるようなところがあるんでしょうね」

そんな作ったような話があるのかと突っ込んでみたが、利用者からの礼状、感想文の束を見せられ、納得。本当だった。

寺の坊主の常連客もいる。小学校の校長先生もいる。綿々とオノレの身の上を語るヤツ、ただただださちこの具合のよさをたたえるヤツ、化粧して人に見せたら誰も人形だと気がつかなかったと喜んで写真を送って来るヤツ、ほめちぎりながらも改良点を指摘して来るヤツ、夫婦で愛用（どうすんだ）してるっていうヘンなヤツもいる。

まったくみんな、フクザツな人生を生きているのね。

ワイフファンの幸福な老後のために

そうこうしているうちに2時間近く経過。その間にもときどき、問い合わせの電話が入った。女性事務員が客の疑問にすらすらっと答える（たぶん、こういう場合は淡々としているほうがいいからだろう）。それでも対応に苦しめば、人形師の出番だ。口調はソフト。客は不安なのだから、安心させてあげることが大切なのだ。先にも述べたように、ここにたどりつくのはレベルの高い、というかワイフマニアとでもいうべきツワモノが多いのだ。だから、いったん信用すれば半永久的にファンでいてくれる。

「気に入ってくれて、7回買い替えた人がいますよ」

小さくして隠すことをあきらめ、そういう客を捨てることによって人形とワイフの接点を見出《みいだ》した人形師。この世界の成功者として、次に目指すものは何だろうか。この質問に待ってましたとばかり取りだしたのが『人形の館』という短編小説集。著者は豪徳寺魁なる人物。誰だ、ソイツは?

「それ、私が書いたんですよ」

島津氏が言う。そうだったのか、とうとう人形小説まで書いてしまったか。くれるというのでありがたくいただき、読んでみた。内容は……基本的にみんな性的玩具《がんぐ》としての人形の魅力についてのものだ。早い話が自社製品への水先案内。こんなところでも人形師はあくまでビジネスを忘れないどころか、それを楽しもうとすらしている気配である。しかし、後書きを島津の名で書いて目一杯、豪徳寺センセーを持ち上げているところなんざぁ、うれしくなるほど怪しい怪しい。

そして、取材の終わりに、もうひとつプレゼントしてもらったのが、性器である。ぼくがこれまでのイマイチ冴《さ》えないワイフ体験を話したので「じゃあこれと比べてみて」と渡されたものだ。すでに話の最中に指を突っ込んでみたりはしていたので、その性器が優れたものであることは承知していたが、実際試してみたら……。

……すごい。

さらに思ったのは、今回の取材は大変ラッキーだったのではないかということ。ダッチワイフの大半は、設計はいいかげんで値段が高く、研究開発といえるほどのことはしていない可能性もある。基本コンセプトはずっと変わっていないのだ。だから、さちこがよく見える。

でも、これが精一杯なのか？　これ以上の高性能&低価格商品は不可能なのか。いやいや、そんなことあるまいよ。

迫り来るシルバー社会。全国数万人（推定）のワイフファンの幸福な老後のためにも、人形師の出番はまだまだあるとみた。

それから……独自のワイフ道、いまだ変わらず

長引く不況。自らをガードするために誰もが考えるのが、無駄な出費を抑えることだ。単価の高いダッチワイフ産業が、こうした風潮の中でサバイバルできるのか。売れ行き不振にあえいでいるのではないだろうか。ぼくは不安な気持ちで『ハルミデザインズ』を再訪した。

だが、人形師にしてすぐれた経営者でもある島津氏は健在だった。

「ここ2、3年、商品が増えたわりに売り上げは横ばいですけどね。じっとガマンしてれば、また売れる周期になるでしょう」

1年前に落ち着いたという新しいオフィスで、人形師は淡々と話し始めた。以前の事務所が火事で焼け、黒コゲになったさちこやみちこが死体と勘違いされて騒《と》ぎになったこと。慌《あわ》てて引っ越した事務所では3度も泥棒に入られ「いったい何を盗りたい

のか」と悩んだこと。ラクじゃないですよと言いながら、表情には余裕がある。

「まあ、でも、おかげさまで下請けに人形作り専門の工場を建てさせることもできました」

なんと、工場ができたそうだ。そこでは『ハルミデザインズ』の商品だけを製造しているらしい。

「やっとダッチワイフの世界も産業化したというところですかね。ただし、モノがモノなので何を作っているのかは秘密にしています。従業員も、その下請けの親戚《しんせき》しか使わない。まさかワイフだなんて、周りの住民は誰も気づいてないでしょう」

うむむ。横ばいだなんて言いながら、しっかり次のビジネスチャンスに対応する準備を整えているとは、さすがワイフに人生を賭《か》けた男である。景気が悪いのは世の中すべて。ダッチワイフ業界がダメになったわけじゃないから、いい商品さえ作っていれば必ず売れるときがくる。そんな信念があればこそなのだろう。

では、島津氏が考える次の人形ビジネスとは何なのか。作品を追いながら、彼の野望に耳を傾けてみよう。

ワイフの常識を覆《くつがえ》した「伊集院健」

あいこに次ぐ4番目の商品として、平成5年に彼が送りだしたのが、業界のドギモを抜いた男性等身大人形、伊集院健である。史上初のゲイ用ダッチワイフ（いやダッチボーイというべきか）として、マスコミでも話題になった。

「かなり騒がれて有名にはなりましたが、商売的にはあまり売れませんでした。これまで110体しか売れてないですからね」

いやいや、110人が買ったという事実のほうがぼくにはコワイ。

「狙《ねら》いとしては、本物のゲイとやってみたいけど怖いって人だったんですよ。あとは、心臓に毛がはえたようなオバサンとか。健サンは思いつきで作ったものなので、しかたないんだけどどね」

健サンときたか。島津氏は自分の商品をさちこちゃんとか、あいこちゃんとか、人間のように呼ぶ習慣があるのだ。

それにしても伊集院健とは素晴らしいネーミングである。実は、最初「たけし」にするつもりだったが、インパクト不足ということで「健」となったらしい。そして、わざわざ伊集院という名字までつけてしまった。確かに、その限りなく硬派な響きがする名前は、一度聞いたら忘れられないインパクトを持つ。

顔形については、ゲイの人に受ける顔がわからないのでその手の雑誌で研究、手足の型は自分のものから取り、なんとか人形は完成した。とくれば、次は宣伝用の写真撮影となるのだが、これに何を着せればよいのか。

「私のシャツとパンツをはかせてみたら、どうにもしまらない。そんなとき、雑誌に載っている通販の広告を見ていて空手着を思いついた。で、コストを考えて柔道着に決めたんです。これなら男らしいでしょ」

結果、PRは成功したものの、これは売れなかった。ゲイのハートはつかみきれなかったのだ。

が、得たものはある。まず、話題になったことで上昇したハルミブランドの知名度。そして新ジャンル開拓によるマニアからの注目度。健サンのおかげで、多くの人々に会社の存在をアピールすることができたのだ。

とはいえ、いつまでも旧製品に頼っていたのでは将来が不安だ。人形師としてのプライドも、経営者としての商魂も、それを許さない。かつては小説まで手掛けていたが、商売的には「せいぜいトントン」なのでやめてしまった。それはいいとしても、守りにまわってばかりの経営ではおもしろくない。
これまでの技術を生かし、なおかつ売れる新製品はないものか。島津氏は考えた。そしてある日、盲点となっていたジャンルが、くっきりと浮かんできたのである。

マニアの手紙が「ゆうこ」を生んだ

「幼女趣味、つまりロリコンの人からきた手紙に、どうか彼ら専用の人形を作って欲しいと書いてあったんですよ。さちこはいいけど、胸がありすぎる。あいこは一応ロリコン人形だけど、ヒザを抱えた固定ポーズだから着せ替えもできない。ロリコンは一生治らない病気みたいなもんだから、せめていい人形を作ってくれないかって」

手紙を読み終る前にピンときた、と氏はいう。調べてみると、ロリコン市場はゲイよりずっと大きく、潜在的な需要はかなりある。しかも、相手は幼い女の子なので、ゲイのように相手も見つからない(というか見つけるわけにもいかないだろう)。うっかり手を出そうものなら犯罪者になってしまうから、みんなしかたなくマンガやアニメで辛抱しているのだ。

さらに、その手紙によれば、ロリコンには2種類あり、幼稚園児から小学校低学年までの年少好きと、小学校高学年から中学生までの年長好きに分かれるとあった。２種類の人形それぞれにニーズがあるということだ。

むくむくと商魂が沸き起こる。島津氏はすかさず返事を出し「あなたにとっての理想のサイズ」を尋ねてみた。年少好きだという相手からは、身長１１０センチ、バスト60センチ、ウエスト50センチ、ヒップ65センチという実に具体的な数字が返ってきた。

「その通りに作ってみましたよ。で、うちのユーザーにダイレクトメールを送ったら、かなりの申し込みがあった。それでわかったんですよ。ロリコンの人は、他に類似品がないからさちこを買っただけで、本当にさちこで満足していたわけではなかったんだと」

まさに、してやったりである。これなら既製商品のファン層を喰うことなしに、新しいニーズが開拓できる。なにしろ、さちこの胸を削って、わざわざ自分好みの形に改造していた客もいたというのだから。

製作に関しても、これまでのノウハウを活《い》かせば、開発期間もさほどかからなかった。できあがった作品は、「ゆうこ」と命名。雑誌の広告には、ぬいぐるみを抱え、制服風の衣裳《いしょう》をまとった少女の写真が載った。

案の定、反響はすさまじかった。これまで幼い女の子を見てムラムラしても、これはいけないことなんだと自分に言い聞かせて耐えてきたロリコンマニアたちにとって、好き放題に遊べ、セックスまでできるワイフはノドから手が出るほど欲しい商品だったのだ。

「一番多かったのは、助かったという声。たまりにたまってた人々が一気に飛びついたんでしょうね。売れ行きは1カ月でさちこと肩を並べるほどになりましたよ。その後は落ち着きましたが、いまでもコンスタントに売れていますよ」

平成7年には年長タイプの「ようこ」も発売。ぼくには似たように見えるが、少しだけふくらみかけた乳房が、ゆうことは決定的に違うらしい。

しかしなぁ。年少とか年長とか、聞いててゾッとする話ではある。これまでの商品もかなりマニアックだったけど、これは傾向が違うというか、社会的な状況などをいろいろ考えると、あまりにディープな商品ではないだろうか。

「買うのは20代で親と一緒に住んでいる人が多い。ロリコンは他人に言えないし、治らないのだとすれば深刻ですよ。反社会的なモノを作ってしまったかなとも思うけど、客の声を聞くかぎりは逆に犯罪防止に役立っているんじゃないかと。そう考えるようにしています」

この割り切りが経営者だ。さすがにひとりの社会人としては複雑な心境だそうだが、ここまで熱烈歓迎されれば、人形師としてうれしくないはずがなかろう。

次作はムチムチボインの熟女!?

年少と年長の少女、16歳の高校生、そして伊集院健。リアルな手触りと豊富なオプションで、ダッチワイフ界に新風を吹き込んできた人形師・島津氏。新ジャンル開拓は、ほぼやり尽くしたといえるだろう。となると次のターゲットは……。

そう、巨乳ムチムチの王道ワイフである。もうこれしかない。実際、ユーザー側からも要望が多いそうだ。

「豊満な熟女タイプをぜひ作ってくれと言われますね。ただ、いま使っているスポンジでこれまでの商品以上にボリュームを出す場合には、技術的問題が出てくるんで、ちょっと難しくなる。これまであえて作らなかったのもそんな理由からなんですが……」

さちこたちが売れたのは、ほかでは味わえないリアルな人形だったからで、少女だったからというだけではないだろう。日本人の好みにあう顔だちと、メイクや着せ替えの楽しみはそのままに、もっとムチムチした色っぽい人形作りに成功すれば、まず売れるのではないだろうか。他社は真似《まね》ができないからほぼ独占状態だ。

「1社だけ、人形タイプの類似商品を発売しましたが、材質はサンダルなどのスポンジで、当社の人形とは質感が全然違う。技術的に特殊ですからね、うちの製品は」

商品に対する自信は絶大だ。あとは、開発に踏み切れるかどうかだが、ダッチワイフビジネスを産業化しようとするなら豊満熟女系は避けて通れない道である。これからは広い専用工場で、研究や実験も思う存分できるだろうし、もし開発に成功したらマーケットはかなり大きい。計画は進んでいるのだろうか。

「まあ構想中とでも書いといてください（笑）」

サイズ拡大に伴う製造のムズカシさは、かなりのもののようだ。しかし、さちこを開発したときだって、当初はうまくいかなかった。そこを知恵と工夫と、そして熱意でなんとかしてきたのだ。

彼ならきっとやってくれるはず。ぼくはそう確信している。

我が青春の汁男優

汁男優………
おいおい…
バカじゃ
ないのか？
そんなこと
やっててもさ…
先が無い
だろう…
うら…
ん？
キョロ
キョロ
何だ？
うら…
!?
うら…
………
うらやましい
うお〜〜

「汁男優の話を聞きたくないですか？」

ある日、こんなメールが届いた。

汁男優とは、企画物AVなどで大挙して、あるいは順々に、女優めがけて射精する男たちだ。女優が手や口で発射へと導くこともあるが、自らの想像力や摩擦力で臨戦態勢を整え、合図とともにエイヤッ！と発射することもある。30人なら普通、多ければ60人、中には100人集まる現場もあるほどだ。

下半身丸出しで大勢の同業者と並び、先を争うように女優の顔や胸めがけてフィニッシュする男たち。勃《た》たなければ、発射にいたらなければギャラはなく、ときにはエキストラ的な役割もこなさねばならないのだから仕事はキビシい。

演技力など要求されず、セリフはおろか顔が映ることすら稀《まれ》である。ひたすら発射のためだけにいる存在＝汁男優。誰が名付けたかしらないが、見事なネーミングだと思う。たぶん彼らはAV出演者の最下層と言っていいだろう。

う〜ん、興味アリアリだ。でも、AVに出られれば満足というアルバイト感覚ではインタビューしてもつまらない。その点は大丈夫なのか。

問い合わせてみると、すぐ返事がきた。

「他の仕事はしていません。専業です」

汁男優のプロって……。食えるほど仕事があるのか、どんなシステムになっているのか、現場ではどのように仕事をこなすのか、どういう人間がこの仕事をしているのか。

3日後、さまざまな疑問を胸に新宿駅で待ち合わせたぼくの前に現れたのは、岩井大介（仮名）という28歳の男だった。

喫茶店に入ると、いきなり濃いトークが始まった。その声は不必要なほどでかくてハキハキしているため、周囲の客が振り向くほどである。が、岩井はまったく気にする様子もなく、ぐんぐんボルテージを上げてゆく。〝汁に青春を賭《か》ける男〟のプロ意識あふれる熱弁、耳を傾けてほしい。

汁デビューはネットから

この仕事は基本的に一発いくらなんですよ。最低で5千円ぐらい。メーカーや拘束時間などによって7千円、1万円とかですね。自分は最高で3万円貰《もら》ったことがあります。撮影が長引くとその分上がったりもしますが、ツライことも多いですね。てっぺん超えて、あ、てっぺんというのは夜の12時って意味なんですが、そうなると自分は家が遠いのでマンガ喫茶いったりカプセルホテルに泊まったりしなきゃならなくて。だから公園で野宿することもよくあるんですよ。先日も池袋の公園で寝ました。

野宿が好きなんじゃなくて、金がもったいないからです。ギャラは即金でもらえるけど交通費は込み。せっかく稼いだ金なんで飲みに行こうなんて気にはならないですね。撮影後はクタクタだし。

さてと、何から話しましょうか。まずはきっかけですかね。

自分の場合はネットからでした。ムーディーズというメーカーのサイトで出演者を募集していまして、やってみようかと。ネット組っていうんですけど、ギャラは千円でした。わざわざ遠方からくる人もいるほどで、趣味の延長って感じですね。出演者を募って、素人《しろうと》がインターネットで応募する形式です。

動機ですか？　自宅でコレ（すかさずオナニーのポーズ）やってるよりは、現場で出したほうが楽しいと思いまして。あとはまあ、ビデオにでてみたいという考えがあったんですよ。普通ならできない経験をしてみたいと。

当時は他にアルバイトやってたんで、ネット組は土日に半年くらいやりました。そのうちに、現場にいる手配師に本格的にやってみないかと声をかけられたんです。いまはバイトもやめてコレ一本です。女優では佐々木しのぶに会えたことが、いい思い出ですね。会えたといっても話をしたわけじゃなくて、ぶっかけただけですけど(笑)。

ある種のAVでは、わずか千円のギャラで募集した出演者が、女優に群がって射精する映像が売り物になっている。だが、しょせんは素人集団。あせって失敗する者や勃起《ぼっき》できない者も少なくない。そこで、もっと確実に〝使える映像〟をモノにするため、汁男優のニーズが生まれるのだという。もちろん、ネットで募集することなく大量の出演者を必要とする作品も多い。つまり、仕事はそれなりにあるということだ。

そこで、必要なときに必要な数だけ汁男優を調達する手配師の登場となる。手配師は顔の広いベテラン汁男優などが兼ね、メーカーから手数料を貰って小遣い稼ぎにしているそうだ。

しかしなあ。オナニーをするよりAVにでて射精するほうがいいというのはどういう感性なんだろうか。両者に共通するのは〝出す〟ことだけ、あとはまったく違うと思うのだが。だが岩井氏はいたって当然という顔。戸惑うぼくにはお構いなく、話は続くのだった。

初めてAVに出たのが去年の7月だから1年ほど前のことです。それで、12月に手配師に声をかけられて、だんだんバイトとの両立ができなくなり、天秤《てんびん》に掛けた結果、こちらを選びました。バイトはトラック運転手です。その以前に5年間、運送会社で働いていて運転するのも好きだったんですけど、やっぱAVが楽しいんですよね。

運転手のときは、一日中誰とも喋《しゃべ》らないような生活だったので。もともと喋るほうじゃなかったし、ひとりになれるから運転手を選んだんです。AVだといろんな人と出会えるのがいいですね。同時期に始めた人とメールのやりとりしたり。そういうことが自分はこれまでなかったから。

やってて、かなり特殊な仕事だとは思いますよ。人前で裸になって勃起させながらスタンバイし、合図とともに出すんですから。他の人に対して恥ずかしい気持ちも最初はありました。自分は緊張する性格だから、うまくいくかどうか不安もあったしね。でも、せっかくのチャンスに出せないのは悔しいじゃないですか。やはり、きたからには出して帰りたいと思ったら、キッチリ勃ちましたよ。

失敗しないコツですか？　隣のヤツのチンポが見えると醒《さ》めますから注意が必要で

す。あと、自分はなるべく全体の真ん中くらいで射精するようにしてますね。ネット組には溜《た》め込んでいる人がいたり、ルールがわからなくて他の人間が行こうとするタイミングに割り込んじゃうヤツがいるんです。

いざというときにネット組にジャマされて、もし暴発したら終わりですから、そういうのを先に行かせて、それから射精するほうが安全なんです。ただ、遅すぎると女優さんがもう精液まみれになっていて興ざめする可能性があります。射精は普通、顔→胸→衣服などの順なんですが、30人中25番にもなると出すところがない（笑）。

ですが、いちばん怖いのは、遅すぎて人数オーバーになったとき。たとえば〝30人のぶっかけ〟がウリの企画だったら、31番目からはいくら出したってノーギャラなんです。AVでは暴発や勃たない人を想定して、少し多めに現場に呼ぶんですよ。ネット組だととくに、床に出したりするのがいるんですが、失敗が少ないと、ハイ終わりってことにもなりかねない。安全・確実に射精するのも経験がモノをいいますね。

月間40発射で収入は20万

素人集団であるネット組に対し、手配師が声をかける汁男優は通称〝呼ばれ組〟。

30代を核に、40代と20代が脇《わき》を固める。まぁ固めるほどの人数がいるのかという疑問もあるが、これがけっこういるのだそうだ。現場でよく顔を合わせる常連だけでも数十名。ただしバイト的に週末だけやるサラリーマンや役者のアルバイトなども多いため、専業は少ないだろうと岩井氏はいう。ちなみにネット組に服装などの指定はないが、汁男優になると、現場によって白ブリーフとか黒ボクサーパンツとか指定があるらしい。下着のみ、というのがいかにもだ。

それにしても岩井氏、かなり興奮気味なのかテンションがまったく下がらない。滑舌のいい喋りは、いっぱしの俳優のようだ。汁男優なんだけど気分はプロ。ひょっとしたらこういう自信の根拠には、それで食っているという自負の他に、持ち物がリッパということもあるんだろうか。そう思って尋ねてみると、照れることもなく「わりとデカいほうじゃないですかね」と返事が戻ってきた。

デカさと勃ちへはこだわりますね

デカいねと言われて自信持った部分、ありますね。あと、汁男優やるには勃ちですよ。自分、勃ちはいいほうなんです。ときには1日に2度、3度と出さなければならないときもあるんですけど、そんなときでもダメだったこと、ないですから。慣れも関係ありますね。自分、専業になってから数カ月ですけど、もう60本ぐらいに出てますんで。

ペースは、月に20現場あればいいほうですね。運がいいと、1日2本掛け持ちできることもありますよ。収入ですか、だいたい月に10数万円ですが、多いときで20万いったことありますよ。その月は40回ほど出しました（誇らしげに）。だけど、前の仕事と比べると下がってますね。絡《から》み男優（いわゆるAV男優）になればもっと稼げるんでしょうけど、金のことより、出すのが楽しいというか。だから、目標としては絡み男優になりたいです。

……デカい人がいますからねぇ。デカくて、撮影が中断中でも勃ったままの人は尊敬しますね。さすがプロだって。

絡み男優に憧《あこが》れますが、狭き門なんです。だいたい決まっちゃってますからね。演技もしなければならないし、汁とは違う世界です。自分は演技が苦手なんですよ。現場で見ていても、女優さんに潮を吹かせたり、連続で3絡みやって3回とも出したとか聞くとすごいと思います。

汁男優は何でも屋みたいなところがあって、人が足りなければ通行人やセリフのあるちょい役を頼まれることもあります。できれば絡み男優として認められてみたいです。

でもねぇ、そんなふうに有名になっていくと顔バレの可能性が増えるじゃないですか。誰が見ているかわからないから、その危機感はいまでも少しありますね。親にはこの仕事、ナイショなんですよ。映像関係のアルバイトをしていることになってます。まったくのウソではないでしょ。もしバレたら絶対にオレじゃないと言いますが、その先はどうかなあ。もうビデオにでられないかもしれないですね。

リスクがあってもやりたい理由ですか。う〜ん、思い切り出せることとかな。だってそうでしょう。女優さんが手や口でイカせてくれるなんて、まずあり得ないことじゃないですか。それが当然のようにできるわけなんで。

個人的に好きなのは手コキですね。手コキ、フェラ、絡みの順かな。フェラと絡みは同じくらいかな。自分はやっぱ手コキで、女の人に勃たせてもらうのが最高です。それがいちばん勃ちやすいっていうか。そうですね。手コキで出すのがいいですね。はい。

何を話していても〝出す〟方向へと話を持っていく岩井氏。同時に声量も高まり、昼間の静かな店内を力ずくでエロ空間に染めてしまうのだった。

でも、気になることがある。元気がいいのはかまわないが、ちょっと〝出す〟ことにこだわりすぎじゃないのか。しかも手コキ手コキとうるさいくらいに強調。いやしくも男優を目指すのであれば、絡みを重視しないのはおかしい。

そう思って話を振ってもノリは悪い。絡みの何が苦手なのかを尋ねても、中断が多くて勃ちが鈍くなるのがコワイとか、気を使うのでやはり勃ちに不安があるとか、勃起話ばかりなのだ。

ひょっとすると……。まさかとは思ったが、ぼくは念のため聞いてみた。

「岩井さん、女とつき合った経験あるんですか？」

〝大切〟なことは、すべて汁男優で学ぶ!?

ああ……女ですか。いや、ほとんどありません。自分、学生のときとか地味なほうで、女のコと知り合うようなこともなかったですし。仕事はトラック運転手で、これも女に縁がないもんで。だからほとんど……というか全然。デートとか経験ないですね。汁男優やってるヤツはだいたいそうじゃないですか。モテてたらやろうと思わないでしょ。

風俗には行かなかったですね。高いし、女に飢えていたわけでもなかったんです。ただ、思い切り出したいという欲求は強かったですね。そんなとき、AV見ていて汁男優のことを知って、いいなあって。

……自分、童貞喪失ビデオにもでましたよ。セックスする前に汁男優デビューして、セックスもビデオで。感想？　やはり絡みですからうまくできるかと。ええ、なんとか暴発せずに終えました。もちろん、ちゃんと入れましたよ。そのとき、ナマだったんで女優さん大丈夫かなと思いながらしてましたね。余裕とかじゃなくて、中出ししちゃマズイから必死でした。演技どころじゃなかったです。

カメラの前でセックスしたり、大勢に混じって手コキされたり、異常といえば異常な仕事だけど、おかげで童貞も捨てられたし、月に20回も出せるんだからとくに不満はないですね。絡みはプライベートの経験がないのがマイナスですが、AVですから現場で学んでいけばなんとかなると思ってます。

カノジョは欲しいと思いますよ。女優に手コキしてもらうのは快感だけど、どうがんばったって大勢のうちのひとりでしょう。でも、こんな生活だから相変わらず知り合う機会がまったくなくて。それに、もしカノジョができたとしても、まともなセックスで満足できるかどうか。プライベートで出すと一銭にもならないから、出し渋るかもしれないですね(笑)。

いまはその可能性もないし、正直それどころじゃないって気持ちです。ガンガン仕事入れて稼がないと。汁男優をやるからには、勃てろといわれれば即ビンビンになるようにしたいですからね。健康にはそれなりに気を使いますよ。家ではまったくオナニーしなくなりました。もったいないんで。

楽しみといえば、某メーカーの作品で痴漢ものがあるんです。仕込みで痴漢役をやるんですが、妙にリアルでけっこう好きなんですよ。自分、乗り物好きっていうのもありますから、千葉や群馬でロケがあると旅行気分が味わえるのがいいですね。

スカ以外、こなせます

どれだけ話を聞いても、岩井氏が汁男優の仕事を楽しいと感じる理由はピンとこない。タダで出せるのは利点かもしれないが、顔バレのリスクはあるし、AVのなかでの地位も低いときている。

だが、AVで童貞喪失し、汁男優で〝勃起させ、ぶっかける〟ことが金になることを知った岩井氏は、この仕事を天職だと思っているようだ。連日の発射も何のその、依頼が重ならないかぎり積極的に仕事を入れている。

絡み男優を当面の目標とするという言葉にもウソはない。彼は彼なりに、つぎのステップに上がるための準備をしているらしい。ということで、最後に、汁男優から絡み男優になるべく岩井氏が描いている青写真に話題を移してみよう。

金のこともあるけど、がむしゃらに仕事を入れているのは、顔を広げたいからなんです。依頼はメーカーの人、ADの人、手配師からくるので、なるべくいろんな現場に出演して、アイツいいなと思ってもらいたいんですよ。現場では、まず暴発せず、確実に出すことですけど、それだけだったらベテランの人もいるので目立てない。そうなると、ヤル気だと思うんですよ。たまに絡みの仕事とかもらったときがんばるとか、エキストラでも気合い入れてヒワイなヤジ飛ばすとか。

それだけでは不安なので、仕事も選ばないようにしてます。やっぱ専業でやっていくには幅っていうか、何でもできるほうが仕事を頼みやすいと思うんですよね。ＳＭはできないとか、そういうこと言ってたら生き残れないと思うんです。ええ、何度かやりましたよ。Ｍ役ですが、快感はなかったですね。でもイヤでもなかった。女優がマジなんで、ムチが痛かったですけどね（笑）。SMなど特殊なものはいいですよ。ライバルが少ない上にギャラがいい。3万もらったのはそのときです。

ただ、スカトロだけはNGにしたいですね。あれは、がんばるとか、そういうことでは無理です。この前、スカの現場やったんですよ。あ、SMでも口の中に小便はされましたね。それくらいなら平気なんで。で、スカのときも小便されるくらいだと思ってたら、完全にマジな世界だったですね。出演者、本物ですから。

小便を口で受けてOKとはならないんですよ。飲まなけりゃ話にならない。……ええ、なんとか飲みましたけど、その後で大きいほうもってなっちゃって。3万とかで割り切れるもんじゃなかったです。

それでもいまさらできないでは雰囲気壊すし、2度と仕事がもらえないと困るので、少しですけど受けるだけは受けて……あまり思い出したくない。

だからまぁスカは手を出さないようにして、それ以外は積極的にやっていこうと考えているんです。やる人が少ない＝絡み男優への近道でしょう。汁の人が絡み男優になれる確率は低いかもしれないけど、自分なりにがんばって、岩井はいろいろできるからと認められていきたいですね。

その先は、自分にもわからないというのが本音です。だいたい、汁男優なんて仕事がいつまであるのかさえわからないじゃないですか。もっと言えば、明日の現場で勃つかどうかも保証はありません。

だから、後悔だけはしないように、ガンガン仕事をしたいんです。有名な男優になれるなんて、自分では思ってないですけど、せめて業界内で「岩井はいいねえ」と言われるようにはなれたらいいですね。

チャンスがなかったら？　そのときは汁男優でやっていくつもり。他にやりたいこともないので、30までは何も考えず突っ走りたいですね。

少なくとも、自分はいま、やりたいことをやってるっていう充実感がありますよ。それって、そう悪いことでもないでしょう？

番外編1

小心者の潜入記

新聞拡張団に入ってみた。

これもいい話だなー
新聞拡張員に対する偏見がとれたよ
どんなジャンルの人々のことも…
実際に体験でもしてみない限り
その人たち側の気持ちはわからないということかな…
北尾さんてすごいなー
いくら取材とはいえ僕だったら初日で辞めちゃうよ…
「できる人」ってのはたいてい何やっても通用するということか…
最後先輩拡張員を飲みに誘うところいいなー
「これは取材なんだ」と打ちあけてほしかったけど…
あ…でも言わないほうが味があるよな…
ふ――…
普通に感想を言ってみました

ぼくにできる裏バイトは新聞拡張員だけ

スポーツ新聞にはたいてい三行広告欄があり、ホモビデオ男優から雀荘《ジャンそう》のボーイ、風俗店勤めまで、いずれ劣らぬ怪しいアルバイトを募集している。これを片っ端から体験してみたらおもしろいんじゃないか。そう考えて該当しそうなバイトをピックアップしてみると、たちまち20ほど見つかった。

『裏モノの本』の編集長オガタに話すと「それはぜひ、ウチでやりたい」と言う。もちろんアルバイトして稼いだ金は自由に使っていいという条件だ。翌月に控えた自宅の契約更新や車検などで金に困っていたぼくには魅力的な話である。

こうして『裏アルバイトの本』の企画が決定するのだが、バイト選びは難航した。ピンサロの呼び込みあたりなら楽勝だろうと思っていたのだが、短期バイトでは話にならず、その他のバイトも年齢制限で切られてしまうのである。

経験者なら別なんだろうけど、30代も後半のズブの素人《しろうと》などどこも欲しがりはしないのだ。かといって高齢者向きのサンドイッチマンなどは仕事としての怪しさに欠けるし日当も安い。現場作業員は体力的に無理。そうこうしているうちに、めぼしい仕事は続々と他のライターに決まってしまった。レギュラーの原稿に穴を開けずに、短期間で効率よく稼ごうなんてムシが良すぎたか……。

しかし、誰もやりたがらない仕事がまだ残っている。パチンコ屋の店員と並ぶ三行広告の雄、新聞拡張員だ。各家庭を訪問しては「新聞取ってよ、サービスするからさ」としつこく口説いてまわるやつ。非常にポピュラーな存在でありながら、実態となるとあまり知られていない職業である。

募集広告を出しているのは、ほとんどが拡張団。新規購読者の開拓を専門に行う業者と考えられる。であれば、そこには一般に知られていない独自のシステムもありそうだ。うまくすればソコソコは稼げそうだし、我が家に来る拡張員はだいたいオヤジ連中。まさか年齢制限で落ちることもあるまい。

もう贅沢《ぜいたく》は言ってられんな……。梅雨明け目前のある日、スポーツ新聞から〝素人可、日払い、月収50万上〟と調子のいいコピーが踊る広告を探した。これまでの経験から、もっとも強引な勧誘をするのは○×新聞だと思っていたので、迷わず○×新聞専門の拡張団を選んで電話すると「わかりました。明日から働けますか」と嬉《うれ》しいリアクション。翌朝に面接して問題がなければ即仕事ができることを確認し「それでお願いします」と申し込んだ。

翌日の午前11時、面接に行くとすでに事務所には団員らしき男たちが集まりつつあった。奥のソファに通されると、担当の佐藤さんという50歳ほどの男がやってきて「履歴書は?」と言う。

「あ、いえ、持ってきてません」

ライターになって10数年間バイトをしてなかったぼくは、面接に履歴書が必要なことをすっかり忘れていたのである。

「しょうがねえな。じゃ、これに書き込んで」

渡された履歴書用紙に名前と連絡先を書くと、つぎは職歴欄だ。ライターとは書きにくいし、どうしようか。迷っているうちに席を外していた佐藤さんが戻ってきてしまった。まずい。

だが、佐藤さんはぼくを見るとニヤッと笑ってこう言った。

「そこは空けといていいよ。おまえもいろいろ事情があるんだろ。うちは過去は問わないから」

過去は問わないって……。ここは人生の吹き溜《だ》まりかい。

「拡張員は初めてか。そうか、いやいいんだ、経験なくても教えるから。うちは完全歩合制で、契約取っていくらだよ。ダメなやつは全然稼げないし、がんばれば、そりゃ稼げる。うちなんか、月に１００万以上稼ぐ人もいるからね。金、欲しいんだろ」

「はい」

「うん。その気持ちがないとダメだからな。拡張なんてカンタンだなんてナメてたら契約取れないぞ、取れなきゃ一銭にもならないから、嫌になってすぐ辞める。あとは向き不向きだ。向かないやつは1日で来なくなる。ま、やってみりゃすぐわかるけどな。今日からできるんだろ？」

「ええ、まぁ」

「じゃあ決まりだ」

「さ、採用ですか」

「ああ、そうだ」

完全歩合制だから、よほどのことでもないかぎり不採用にはしないのだろう。その言い方には、契約を取れさえすれば犬でも雇うというポリシーが感じられる。

「ところでおまえ、寮に入るか？」

突然、佐藤さんはぼくに入寮を勧め始めた。

「寮ならここから3分だし、家賃も団が一部負担するから安いぞ。ここの人間はだいたい寮に住んでる」

「でも、ぼくは近いですから」

「寮と言ってもあれだぞ、アパートの個室だ。プライバシーだってバッチリあるんだよ。まあ、やってから考えればいいか」

どうやら、知り合いの家にでも居候《いそうろう》していると勘違いしているのだと思った。佐藤さんにはこの後も毎日のように入寮を勧められたのだが、それが親切心だけではなく、団員を逃げにくくするための手段でもあると気づいたのは数日後のことだった。

アメとムチの労働システム

無事に面接が終わると、11時半くらいから朝のミーティングが始まった。集まった20名ほどの拡張員を前に部長と呼ばれる男が挨拶《あいさつ》し、昨日の成績を発表。成績の良かった者は一同の拍手を受けながら賞金を受け取る。

その後、全員が今日の目標契約数を「3本です」「5本です」などと自己申告し、それがボードに書き込まれる。

やがてぼくの番が来ると佐藤さんが立ち上がり「今日から団に入った北尾さんだ」と紹介してくれた。ぼくの目標本数は3本。これが最低の数字で、クリアできなくても罰則などはないそうだが、高い目標数値を達成するとなにがしかのお金がもらえるらしい。

続いては、パンチパーマの団長が訓示。ここには団長以下、部長、班長、ヒラ拡張員がいるんだけど、団長だけがいかにもコワモテだった。気合いを入れろ、1日2本や3本では話にならん……。激しい口調でカツを入れている。名指しで成績の悪さを指摘される者もいた。

でも、それは毎朝のことなのだろう。団員たちはぼんやり濁った目つきで聞き流しながらタバコなんか吸っている。なかには20代とおぼしき人間もいるが、大半は30代後半から40代、50代ですべて男。首まで日焼けしているのはキャリアの長い人間だと思われた。

訓示が終わると、本日の行き先が決められる。だいたいは3カ所だから3チーム。班長ごとにおおざっぱなグループ分けはできており、ぼくは佐藤さんが属するチームに加えられた。

〝定期代〟の名目で、ひとり千円の交通費を受け取ったら出発である。

ここで拡張団の歩合システムを記しておくと、1カ月契約（単と呼ぶ）で内金500円、残金千円の計1500円。3カ月契約は内金2千円、残金2千円で計4千円。6カ月だと内金3千円、残金3千円の計6千円が歩合として支払われる。団によっては1年契約もあるらしいが、ぼくが勤めた団にはなく、6カ月と同じ扱いだった。内金というのは、契約を取ったその日のうちにもらえる金額。残金は月末締め15日払いでまとめて支払われる。

賞金は契約を取った翌朝の支払い。これにはランクがあり、契約3本なら契約月数とは関係なく1本につき500円、4本なら700円、5本以上なら千円となっている。また、月に50本以上の契約を取ると、1本につき500円のボーナスも出る。がんばれば、それだけ収入が増えるシステムなのだ。

基本は1日に3本の契約が取れるかどうか。2本では賞金なしだが、3本なら翌朝1500円もらえるのだからその差は大きい。

毎日2本の人間と3本の人間では、ボーナスを合わせると1カ月で15万円ほどの開きが出るのだ。とにかく3本の契約を取るまでは、みんな必死でがんばらざるを得ないよう工夫されている。即金として与えられる金と給料が別になっているのは、この仕事に定着させるための手段だろう。

じゃあ、拡張員でどれくらい稼げるのか。仮に25日勤務で、1日平均5本の6カ月契約を取ったとすると、月収は内金と残金で75万円、賞金が12万5千円、ボーナスが6万2500円、定期代の2万5千円まで加えると96万円強。数字的には不可能じゃないし、50万円程度の収入ならベテランにとっては十分クリアできる数字だと言う。

「人の入れ替わりが激しいのは、契約が取れなくてすぐ見切りをつける人間が多いからなんだ。ベテランの人はけっこう稼いでるぞ」

佐藤さんはそう言って「ま、1週間続けばおまえもそれなりに稼げるさ」と笑った。

[初日、契約0、収入0円]

長く、暑く、報われない午後……。

電車で1時間ほど移動した私鉄沿線の街が今日の拡張地区だ。ふだんは事務所を中心とした3区ほどが主要エリアだそうだが、いまは○×新聞の拡張コンクール期間なので、日によって都内全域どこにでも行くらしい。コンクール中は特別な賞金が出るらしく、みんな張り切っているようだった。ぼくが属する班はナカさんという班長、佐藤さんなど計7名。他の班も6～7名で構成されている。

駅から5分ほど歩いて○×新聞の販売店へ着くと、そこで契約書の束と拡材の洗剤をもらい、仕事となる。他のメンバーは自転車だが、新人のぼくは研修中なので5日間は徒歩。ビール券も、契約を取ったら販売店に戻って、後で届けるように言われた。この業界、ビール券を渡すとそのまま換金屋に直行したり、自転車を盗んでトンズラする人間が多いからだそうだ。

「悪く思うなよ。なかには口八丁で客から金借りて消えちまうやつもいるもんでな」って、いったいどんな業界なんだよ。

地図で各自の担当地区を決めた後、10分ほど一緒に歩いて、佐藤さんに基本的なことを教えてもらったら、あとはひとりである。佐藤さんだってしょせん拡張団員、自分の契約が大事だ。

よし、仕事開始だ。ぼくはまず、大きめのマンションから攻めることにした。エレベーターで最上階まで行き、電気のメーターが勢い良くまわっている家を選んでベルを鳴らす。返事があったら「○×新聞ですが」と声を掛け、ドアがあいたらセールストークに突入……するはずだったが、ドアはまったく開かない。返事があることさえほとんどない。

1時間かかって60戸ほどまわってみたが、手応《てごた》えまったくなし。今度はコーポやアパートをしらみつぶしに当たってみるが、ほとんどドア越しに断られるか、ドアを開けてくれても拡張員とわかった途端にイヤな顔をされる。まあ、ぼくだっていつもそうだから文句は言えないが、世間は冷たいものだ。

3時間ほどたったときには、すっかり後悔していた。300戸以上ノックして、契約数はゼロ。洗剤を入れた紙袋がずっしり重い。やはりこの仕事、自分には向いてなかったか。弱気の虫が騒ぐ。

水を飲み、公園のベンチでボーゼンとしていると、汗がしたたり落ちてきた。Tシャツもビショビショだ。労働の汗か。でも、契約が取れてないからタダ働きの汗である。

くぅ、情けない。

それにしても酷暑と言いたい暑さだ。佐藤さんもマイペースでやれと話していたし、ここは一息入れよう。そう思って喫茶店に入ると、あまりの気持ちよさに出られなくなり、2時間もマンガを読んでしまった。仕事に戻ったのは5時。とにかく契約ゼロだけは避けたいので必死である。

しかし、この時間は主婦が買い物のためか留守がち。いても夕食の支度などで忙しいようで、話をするチャンスすら与えられないのだ。ときどきは顔をのぞかせてくれるのだが、そういう家にかぎって〇×新聞の購読者だったりする。新規以外は契約と認められないので、これは時間の無駄。

むなしい気分で6時に販売店に戻り、班長が全員の契約申込書を回収するが数が少ない。どうやらノルマがあるようで、班長はシブい顔だ。

「もう●△にビッシリまわられてるな。みんなキツイのわかるけど、もう少しがんばってくれ」

再び受け持ち地区へと散ってゆく拡張員。ぼくも紙袋を抱えて再度のアタックに励む。と、にわかに空が暗くなり、猛烈な雨が降りだしたではないか。しょうがないので食事をし、それでもやまないのでスタンドコーヒーの店へ。結局この日は9時半までやったが徒労に終わった。

「おまえさ、今日はダメだったけど、これで辞めるなんて言うなよ」

帰りの電車で、隣に座ったこの道15年の大場さんが慰めてくれたが、気分はブルーである。

「いやぁ、すっかり自信がなくなっちゃいました」

「初日からバンバン取れたら誰も苦労しないよ。コンクールが終わったら、オレが2時間ぐらいみっちり教えてやるからさ。オレ、いろんなやつ見てるからわかるんだけど、おまえ、取れる顔してるよ」

大場さんはしきりに、取れる顔だと言うのだった。この仕事には明らかに向いていない顔があり、そんな人間はがんばっても成績が伸びない。逆に向いている顔もあって、ぼくもそうだと言うのである。

「おまえはちょっとマジメそうだし、笑うとなかなかいいよ。間違いないって、おまえはすぐに取れるようになる」

大場さんはそう言い、別れ際《ぎわ》には「明日も来いよ、待ってるから」と手を振った。

［2日目、契約1、収入4千円］
初契約は突然やってきた

起きたときは、このままサボって辞めてしまおうかとも思ったが、契約ゼロのままで逃げ出すのはあまりにも悔しいのでこらえる。事務所へ行くと大場さんがすぐに寄ってきて「よく来た、若いの」と、肩をポンポン叩《たた》かれた。何か、仲間に加えてくれたみたいで嬉《うれ》しい気がする。

仕事でもいいことがあった。不在を含めて200軒ほどカラ振りが続いた午後3時、古いアパートの一室をノックすると、中年のおばさんが出てきて「たまには○×もいいかしらね」と、契約してくれたのだ。しかも、新米であることを強調して頭を下げると、最初は1カ月といっていたのを3カ月にしてくれた。感激である。取れるときは取れるのだ。ぼくは手持ちの洗剤5個を渡し、販売店まで走って戻ってビール券2枚を届けた。

ほとんど出会い頭《がしら》というか、運だけの契約とはいえ、ともかくゲットできたではないか。大場さんの言葉は嘘《うそ》じゃなかった。

こんな幸運が日に何度も起きるわけはないので喫茶店に入り、アイスコーヒーを飲みながら戦略を練ることにした。昨日の悪条件でも、ぼく以外はみんな契約を取っている。ということはこの商売、何か秘訣《ひけつ》があるはずだ。サワヤカな笑顔だろうか、威圧感だろうか、それとも巧みな話術か。いずれにしても、ぼくには欠けていることばかりである。

いっそ素直に、新米拡張員に徹すればいいのかもしれない。そうだそうだ、ベテランに対抗するにはウブな感じ、これですね。つい先日まではサラリーマンだったんだけど、会社が倒産してやむなく拡張員になったとか。まあ、そんな細かいことまで設定する必要性はどこにもないが。

日が暮れてから仕事再開。相変わらず断られてばかりだが、契約が取れた自信なのか、それとも断られることに慣れたのか、あまり気にならなくなってきた。冷たい反応を引きずっていたら拡張員なんてできないのだ。

ところで、昨日から気がかりだったことがある。それは購読料に対する歩合の高さだ。３カ月契約の場合で、購読料は１万円程度なのに、４０００円が拡張員に与えられるのは多いと思うのだ。賞金もあるのだし、事務所には８０００円ぐらい入るとすれば、販売店は赤字ではないのか。だが、帰りの電車で大場さんに尋ねると意外な答えが戻ってきた。販売店は赤字でもいいと言うのだ。

「オレも詳しくは知らないけど、いまどきの販売店は購読料で商売してないって話だよ。店の収入源は折り込み広告。折り込みは配達件数が多いほど金が取れる。だから損を覚悟で団に頼むわけさ」

「そうなんですか」

「たぶんな。でもよ、おまえがそんな心配してどうすんだよ。おまえ、大学でも出てんのか？」

「ええ、いちおう」

「ふーん。ま、これ以上は聞かないことにしとくか」

一般的な会話なら「どこの学校だ」となるところをスッと自重する。だんだんわかったことだけど、拡張員同士は基本的に、相手のプライバシーに突っ込まないのが暗黙のルール。話題は野球の結果や客のこと、昨夜の飲み屋でのことなどにかぎられる。

三行広告を見てこの業界に飛び込んでくるのは、借金取りから逃げまわっていたり、会社がつぶれたり、妻子に逃げられたり、複雑な事情を持つ人間が多い。好きで拡張員になるやつなんかいないのだ。触れられたくないから、人のことにも触れないというわけである。

[3日目、契約0、収入0円]

ひとりぼっちの男たち

またしてもいい天気。暑いし契約は取れないしで、1時間もするとイヤになってしまったので、駅のロッカーに洗剤を入れて、ライター仕事の打ち合わせをすることにした。本格的なサボリはこれが初めてだ。

どうせ仕事は完全歩合制なんだから、サボれば自分の収入が伸びないだけで何の問題もないけど、他のメンバーには少し申し訳ない気がする。

この仕事はあくまで個人プレー主体なのだが、それでも班ごとに契約数達成のノルマがあり、みんなそれなりにノルマを意識して仕事をしているのである。上のほうの人や一部のベテランを除けば団に対する忠誠心なんかカケラもないフリーの身分で、とりたてて団員同士の仲がいいわけでもない。それなのに、契約が少ない日は文句も言わずに残業し、その結果自分の成績が伸びなくてもイヤな顔ひとつしないのだ。なぜか。それは、彼らのなかに何ともいいがたい仲間意識のようなものがあるせいだと思う。

やってみて実感するのは、この仕事がめったにないほど孤独な仕事だということ。毎日、ひとりで数え切れないほどの家を訪問し、出てきた相手とやり取りする拡張員は、トータルすればかなり喋《しゃべ》っている計算になるけど、それらはすべてセールストーク。言葉のやり取りはあっても、それは会話じゃないのだ。冷たく追い払われるのは日常茶飯事だし、客と友だちにもなれないし、休憩といっても喫茶店でマンガや雑誌を読むことかパチンコ程度である。最初は契約が取れないことにメゲていたぼくも、日が進むにつれて、この孤独感のほうが苦手になったもんなあ。

そんな環境で、彼らのキツさをわかってくれるのは、同業者しかいないのだと思う。

「今日はキビシかったスねえ」

「ああ。3本がやっと。そっちは？」

「3だけど単があるから」

集合時間に交わす、こんな会話だけで心が通じ合うのは、もう仲間である。

「晩飯何食った？」

「チャーシュー。ほら、賞金あるし」

「ビールも飲んだだろ、はは」

「中瓶、中瓶」

短いながらも味のある会話をして、男たちはノルマ達成のために、夜の街に散ってゆくのである。

とてもじゃないが、そんな境地に達していないぼくには、どうしても息抜きが必要だ。

この日は結局、契約が取れなかった。夜に現場に戻り、ひとり暮らしの若い連中を狙《ねら》ってみたのだが、警戒されているのがミエミエ。とくに若い女は、なかにいてもジッと息を殺していないフリをする。電気のメーターを見れば、いるのはわかってんだよ。

男もさっぱりである。「悪いんだけど●△取ってるから」とか「新聞読まないんですよ」とか言ってくれれば腹も立たないのに「うち、●△」とか「○×嫌いなんだよ」などと、うるさいハエを追い払うように吐き捨てられればムカツクというものだ。

予想されたこととはいえ、気分を害したぼくは、もう若いひとり暮らしには手を出すまいと心に決めてむなしく仕事を終えた。

［4日目、契約1、収入4千円］
主婦にビール券5枚をもぎとられる

絶望的な暑さである。こんな日は冷房を効かせてドアも開けたくないはずだから夕方以降が勝負だなと、ベテランの佐藤さんが言い出すほどの暑さである。

佐藤さんや大場さんは毎日のように賞金をもらうからいいけど、ぼくはそうもいかない。3日間で契約は1本。話にならない低収入だ。少しでも稼ぎたいので、珍しくみんなで行った喫茶店を早めに出て、ひとり拡張に向かう。

ぼくのセールストークは日毎《ひごと》に良くなっていると思うが、成果が出ないのはなぜだろう。きっと、まだまだ切実感が欠けているのではないだろうか。どうしても拡張員で稼ぐのだ、という闘志が前面にでていない気がする。だから、少しでもイヤな顔をされるとすぐにあきらめて引き下がってしまうのだ。今日はなんとしてもニッコリ笑って「そう言わずにお願いしますよ」、この言葉を口にしなければいかんだろう。ピンポーン。お、ドアが開いたぞ。

「◯×新聞ですが、いま新聞はどちらをお読みですか」

「うちはずっと●△なのよ。悪いわね」

品のいいおばさんだ。これはチャンスか。押せ！

「そう言わずにたまには……」

「主人が●△だから」

「そうですか。でも○×もすごくおもしろいと……」

「そうかしら」

「いや、好みですけど」

何を言ってるんだ、合わせてどうする。押せ！

「あの、そう言わずに○×を。私、新米ですが精一杯のサービスを」

「どうせ洗剤とかビール券でしょ、ほほ」

「あの、はい、そうです」

「いま忙しいから。ごめんなさいね」

ダメだ、押し切れない。

それでもこの日、通算2本目の契約を取ることができた。相手は40代のおばさんで、よほどヒマだったのか、子供の教育問題から政治の腐敗まで途切れることなく20分も喋ったあげく「○×は好きじゃない」と連発しながら、ぼくが持っていたすべての洗剤と、ビール券5枚くれるなら契約してもいいと条件を出してきたのだ。洗剤はいいが、ビール券は2枚までと決められている。しかし、ぼくは契約が欲しい。

「2枚までの決まりなんですが、3枚なら何とかします」

「5枚って言ってるでしょ。じゃなきゃ取らないわよ」

「ギリギリ4枚」

「やめとこうかな。どうせ○×は嫌いなんだから」

「わ、わかりました。5枚つけます」

老獪《ろうかい》な主婦の駆け引きに完敗。すぐに喫茶店に引き返して班長に報告すると、渋い表情で怒られてしまった。3カ月契約にビール10本もサービスしたのだ。無理もない。

「主婦や学生は、サービスで新聞取るから気をつけな。ビール券2枚つけますなんて言ったら、必ずもっとくれって話になる。ビール券差し上げますでいいんだよ。何枚って聞かれたら、今日は2枚ですが、次回はもっとつけますからって言うの。わかったな」

それでも、2度とするなとクギを刺しつつ、班長は手持ちのビール券を3枚カンパしてくれた。この人は、いざというときのために予備のビール券をいつも持っているのだ。

［5日目、契約0、収入0円］研修期間が無事終了

「拡張員をやってくには自分なりのトークつうかな、それを磨くことだ。今日はオレが教えてやっから、よく観察していな」

約束どおり、この日は大場さんが2時間ほど一緒にまわってくれた。教えるといっても、大場さんのワザは〝気の弱そうな男に契約させるコワモテ風話術〟とか〝ドアを開けたら早口で一方的に喋りながらドアの内側にカラダをすべりこませるテクニック〟など反則スレスレのものが多いのだが。ちなみに大場さんによれば、ガラの悪い拡張員の半分は、演技でわざとそうしていると思っていいらしい。

「そのほうが契約が取れると思えば、そうするだけだよ。たまにだけどな。本当にガラの悪いチンピラみたいなやつもいるけど、そういうのはこの商売に向いてないから、結局稼げなくて辞めて行くんだよ。うちの団だって、チンピラみたいなのひとりもいないだろ。だいたい、うちでネクタイ着用してないのはおまえだけだからな。金が入ったら買えよ、人間見てくれも大事なんだから」

団にはシャツにネクタイを着用する決まりがある。ネクタイは現場に行くとみんな外してしまうが、少しでも品よくするため、このスタイルが奨励されているのだ。ぼくはシャツもネクタイも持っていないと理由をつけてしなかったので、大場さんはいつもそのことを気にしていた。

さて、大場さんの実力である。なんと、2時間で3本の契約を獲得してしまったのだ。そのテクニックは押したり引いたり泣きついたりの変幻自在ぶり。チャンスと見ればどこまでもしつこい。

ちょっと再現してみよう。チャイムを鳴らし、返事があると、ぼくを脇《わき》に立たせ「自信なさそうな顔してろよ」と注意を与えたうえで会話が始まる。

「あ、そこの○×ですがいまキャンペーン期間中でまわってるんですけどどうですか」

「うちは●△取ってるから」

「え？　ああ●△取ってるの。うんうん、あっちは日本一の新聞だからね。やっぱりアレでしょ、ダンナが新聞は●△だって言うわけだ」

「間に合ってますから……」

「でもね奥さんね、こう考えてみてよ。●△新聞は日本一で、○×が2番目だとしてさ、これから一生連れ添うなかで3カ月だけ、この2番目の新聞を読んでみるのも悪くないんじゃないかなってさ。それでやっぱり●△だってことになったら変えればいいんだしね」

「でも……」

「え、ダンナに怒られる？　そうだよね、勝手に変えたりしたらね。でもダンナにも私が言ったこと、言ってみてほしいんですよね。それでダメなら電話してもらえればいいように一筆書いておくから。それならいいでしょ」

「本当に変えられるの？」

「もちろんですよ。いちおうハンコもらうけど、電話1本で止められるんだから。ね、一生のうち3カ月だけお願い。いや私もコイツ、ほら新人なんだけどコイツ育てるために必死なのよ。奥さんが契約しても私に一銭も入るわけじゃないんだよ、研修中だから」

「そう。研修中なの？」

「コイツを生かすも殺すも奥さん次第、とは言わないけど、契約取れなかったらコイツはクビになっちゃうわけさ。ね、助けると思ってお願いしますよ。サービスもがんばってつけるから」

こんな感じで話を決めてしまう。ぼくをダシにして3カ月を3枚。すべては大場さんの収入になり、ぼくは教育ついでにしっかり稼ぐプロの根性を見せつけられたのだった。

［6日目、契約2、収入8千円］

孤独な老人とのつきあい方

団は五勤一休なので昨日は久しぶりに休養できた。リフレッシュして向かった先は西武新宿線の沼袋。研修期間が終わったので、本日からは自転車が与えられ、ビール券も4枚持つことを許された。注意ポイントは休憩するとき（とくにパチンコなど自転車を目立たない場所に隠すことである。午後3時にもなれば販売店のスタッフが夕刊を配るので、ロコツなサボりは具合が悪いのだ。

この日は初の契約2本。大場さんの見事な話術に刺激されたぼくは、主婦たちの物欲に応《こた》えるべく、この日からゴミ袋を自腹で買ってセールスに使うことにしたのだが、これが案外効いてくれた（その後、6カ月契約用にテレカも購入した）。とにかくこの仕事では、彼女たちを口説けなければ稼げない。

また、主婦のなかには気のいい人もたまにいて、契約はしてくれなくても水や麦茶をごちそうしてくれる人がいた。多少なりとも慣れてきて、気軽に会話ができるようになってからはちょくちょくお世話になり、清涼飲料水を飲む機会がずいぶん減ったほどだ。もっとも、これができるのはセールスをあきらめ、単なる雑談の相手になってあげた場合にかぎられるんだけどね。

雑談と言えば忘れてはならないのが老人である。ひとり暮らしの老人って、けっこう多いってことを、ぼくはこのバイトで実感した。アパートにひとりで住んでいる老人は孤独で寂しいのか、ぼくのような拡張員をも、話し相手として歓迎してくれたりする（契約の話にはまずならない）。何も聞いていないのに孫の話を始めたり、体調の悪さを訴えたり、なかには家にまで上げてくれたじいさんもいた。

［7日目、契約3、収入1万3500円］

主婦よ、あんたはエラかった

「3本叩《たた》く」というのは契約を3本取ること。叩くというのがどこからきた言葉なのかわからないが、拡張員用語のひとつである。

1週間目にして不肖北尾、めでたく3本叩くことができました。

勝因は開始早々に2本の契約を取ったことだ。どちらも主婦で、ひとりは景品に釣られて、もうひとりは話しているうちにソノ気になったパターンだから、拡張員としてはしてやったりの展開である。しかも、2本目のおばさんは契約が決まった後でビール券を渡すと「うちは飲まないからアンタ取っときなさい」と券をくれた。こういう親切に出会うと、本当に嬉《うれ》しくなる。

3本目までは、リーチがかかってから1時間。なにせ3本叩けば明日の朝は賞金がもらえる。金額はたいしたことないが、名前を呼ばれ、拍手を受けてみたいのだ。

だから気合いが入った。入りすぎてつい大声になり、どこかのオヤジにニラまれたほど。こういうときはまだ身も心も拡張員に成りきっていないだけに素に戻ってしまい「すいません」と謝ってしまう。たまには挑戦しようと門をくぐった一軒家では犬に吠《ほ》えられてすごすご退散もした。いつもなら、これだけで休憩するところだ。しかし、今日は目標があるから休まない。

「すいませーん、○×新聞の者です」

小さなマンションの2階で声を出すと、奥からパタパタと走ってくる足音がして、ドアが開いた。

「いま新聞は何が入ってますか?」

「えー、うち新聞取ってないのよ」

この瞬間、脈ありだと思った。新聞を取っていないところは、たいていひとり暮らしだが、ここは表札に男の名前が出ている。

「〇×なんですが3カ月お願いできませんか」

「でも、あまり読まないからなあ」

「そこを何とか。無理だったら1カ月でも試してみるとか」

感触は悪くない。押しの一手だ。

「ぼく、まだこの仕事を始めたばかりで、じつは今日が初日なんです。ぜひお願いします」

こんな嘘《うそ》っぱちがスイスイ出てくるようになってはいかんよね。いかんけど、目の前に賞金がぶらさがってると思うと、つい。

「あらそう。大変ねえ」

「そうなんです。大変なんですよ。奥さんに契約していただければ本当に助かるんですが」

「しょうがないわね。1カ月っていうのもなんだから3カ月お願いしようかしら」

やった！

ぼくはすぐさま喫茶店へ行き、冷えたビールを飲んで電車に乗った。3本叩ければ十分。あとは好きにさせてもらおう。久しぶりにレンタルビデオを借りて自宅に帰り、シャワーも浴びた。このところ、夜中に原稿を書かざるを得なくて疲れがたまっているので、昼寝もする。仕事場に戻ったのは午後9時の集合時間だった。

うかつにも、シャワーを浴びたついでに着替えてしまったので隠すのもヘンだと思い、3本達成してから自宅で用を片づけてきたと班長に報告する。

「おまえなあ、3本叩いて満足してたんじゃダメだよ。調子のいい日はさ、4本5本と狙《ねら》っていかなきゃ稼げないぞ」

そう言いながらも、ぼくが3本叩くなんて計算外だったらしく、班全体の成績は久しぶりに良かったようだ。佐藤さんとふたり、帰ったら焼き肉でも食べに行くかと陽気な会話をしている。

「やっぱりトークが身についてきたってことだよ。まあマイペースでやりな。なーに、3本叩けりゃいいんだって。とにかく明日もがんばれ。辞めるなよ」

大場さんはホッとした様子だった。ぼくの収入がさっぱりなのを知っていたからだ。

［8日目、契約2、収入8千円］
亭主よ、なぜぼくを蹴《け》るのだ

　1500円の賞金は、全体のなかでは目立ったもんじゃないが、ぼくにとっては特別な意味があった。これまでの経過を考えると、この先ずっと続けるならともかく、拡張員のアルバイトで高収入を得ることは困難。となると、あとは辞めどきが問題になる。そのひとつの節目として、ぼくは賞金をもらったときを考えていた。一度も賞金なしのままじゃ、単なる惨敗《ざんぱい》という気がしていたからだ。

　8日目も好調で、午後3時までには2本叩いて夕方まで休憩。夕食後の2時間でひとつ取れれば、また賞金がもらえる。張り切って自転車をこいでいると、かなり大型のマンションが目についた。

　入り口はオートロック。このタイプには挑戦したことがないが、大場さんはこういうのを得意にしていると聞いたことがあった。取れる確率は低いが、1カ所のインターホンで済むから効率がいいし、拡張員はオートロックマンションを敬遠する傾向があるから逆に狙い目だと言うのである。幸い管理人室はもうカーテンが降りていることだし、ダメモトでやってみることにした。

すると何軒目かで出た女性が興味を示し「取ろうかな」と言ってくれたではないか。なんというラッキー。契約書とビール券を持って行くからハンコを用意してくれと頼むと、自動ドアがサッと開く。と、そこへひとりの男がやってきて、ぼくの前を入っていった。派手なシャツを着たチンピラ風の男だ。目が合わないようにしながらエレベーターに乗ると、行き先はぼくと同じ7階である。

そしてこの男、目的の部屋までぼくと同じ、つまり女の亭主か恋人だったのである。

「なんだオメエは」

当然、そうなるよな。

「○×新聞です。下で聞いたら新聞を取っていただけると言うので」

「いらねえよ」

そう言われても、こっちだって賞金がかかっている。すでに話は決まっているんだし、ハンコさえもらえれば胸を張って販売店へ戻れるというもんだ。

「でも奥さんが……」

ぼくは粘った。

「亭主のオレがいらねえって言ってるんだよ!」

怒りだしたところへドアが開き、水商売風の奥さんが出てきた。

「いいじゃない。あたしが取るっていったんだから」

「うるせーな」

「うるさくないわよ。いいじゃない、新聞くらい」

「帰れ、バカヤロー！」

どうしたものかとぼんやりしていると、亭主のまわし蹴りがぼくの腰を直撃。この日は2本であきらめてしまった。

［9日目、契約0、収入0円］
早めに切り上げパチンコざんまい

いつものように午後イチから仕事を始めたが、どうにもこうにも当たりが悪い。不在のところが多いし、反応も冷たいのだ。自転車で大場さんを捜して状況を聞くと、大場さんも苦戦しているらしかった。

「このへんは●△が強くて地区も良くないし、今日は期待できないだろうな。とくにおまえのところなんかアパートが少ないもんな。不利だよ」

「じゃあ夕方まで遊んでこようかな。大場さんはどうします？」

「オレは少し粘ってみるさ。ま、2本でいいよ、今日は」

いつも軽く3本以上叩く大場さんにしては弱気だ。ぼくががんばっても、せいぜい1本だろう。この暑さのなかを必死で動いて1本では割に合わない。この日は電車で移動して、終日パチンコ。成績は1万ほどプラスだったから、サボって正解だ。

9時に戻ると、大場さんですら1本。みんなさんざんの成績で、ぼく以外にも0本の人がふたりもいた。いい日もあれば、たまにはこういう日もあるのだ。なお、一番成績がいいのは、地方に呼ばれて出張するときらしい。拡張団は、お呼びがかかれば日本全国どこへでも駆けつける。

［10日目、契約3、収入1万5500円］

大場さんの拡張員人生

そろそろ潮時である。ぼくが入った班は、見かけは冴《さ》えないけれどいい人が多い。それだけにこれ以上、中途半端なカタチで働き続けるのは気が引ける。

仕事場の野方へ向かう途中で、ぼくは大場さんを「今晩飲みに行きませんか」と誘ってみた。

新聞拡張員についておおよそのところはわかったし、わずかな期間でバリバリ稼げるほど甘い業界でないことも身に染《し》みた。心残りは、せっかく知り合いになれた大場さんとの別れぐらいだ。大場さんは「珍しい誘いだな。わかった」と、嬉しそうに言った。

そんなわけで、この日は気合いも入り、3本叩くことができた。そのなかには6カ月契約も1本。買っておいたテレカをちらつかせてプッシュすると、新聞の中身より景品で判断するおばさんは飛びついてきた。作戦成功である。

仕事を終えると、ぼくは大場さんが知っていた居酒屋に入り、少し酔ったところで拡張員になったいきさつを尋ねてみた。

「どうしてかって言われてもな。オレは借金こしらえちまって、どうしようもなくて団に入ったんだよ。この仕事してるやつはそういうのが多いんだ。おまえだって、何かワケありだろうしな。オレも昔はサラリーマンだったんだけど、株でやられちゃってよ。あと先物取引がいけなかった。まあ、そんなこんなでカアちゃんには逃げられるし、しょうがなくてだよ」

最初は他の拡張団にいたようだが、15年前にここへきて、以後はずっと〝叩いてナンボ〟の世界で生きてきた。この仕事が気に入ったからだと言う。

「借金はだいたい返したし、オレ、月に80本ぐらいは叩くからけっこう稼げるだろ。

毎晩酒飲んで寝て、別に不満はないな。昔はいろいろやってみたいこともあったけど、いまは別にない。家庭料理が恋しいことはあるけどな、ははは。この仕事はまずくならないし、自分の腕で契約さえ取ってくりゃあ何にもうるさいことは言われない。こんなにラクに稼げる仕事はあんまりないって」

大場さんは陽気に笑って、酒のお代わりを注文した。

「ぼくは無理ですね。大場さんみたいにはなれないですよ」

「どうした、辞めるのか？」

「そう思ってます」

「そうか。おまえ全然稼ぎ悪いもんな。今日で何日働いたよ」

10日だと答えると、大場さんは「そうか、そうか」と呟《つぶや》いた。

ぼくはそれから2日間働いて2本の契約を取ったところで拡張員のアルバイトを辞めた。12日間で得た金は6万3千円。契約件数は14。1日平均5250円のアルバイトだったわけである。残金がもらえるかどうか不安だったが、班長に話すと全額払ってもらえた。

拡張員の仕事は地味で、嫌われ者で、そこで働く人々はそれぞれワケありに見える人たちだった。けれど、やってみた実感としては、怖い人たちでも、怪しい仕事でもなかった。

ぼくの住むところには週に1度ぐらいのペースで拡張員がやってくる。いつか、ひょっこり大場さんが現れないかと期待しているのだが、まだぼくの知っている顔がチャイムを鳴らしたことはない。

番外編2

法廷好きの傍聴記

目撃者は語る、ヘンな容疑者列伝

裁判の傍聴か…
おもしろそうだなー
なんか木づちみたいので
カッ
…とかはドラマ上のフィクションみたいな話をよく聞くから
本当の裁判はもっと淡白なのかと思ってましたが…
実際はドラマ以上にドラマチックなのですね
いやー
僕も見たいなー
また普通に
感想を言ってみました
ズズズ…
このたびは皆様
ありがとうございました

月に数回のペースだが、裁判の傍聴を始めてからざっと5年になる。裁判所という現場にぎっしり詰まった人間ドラマの魅力に、すっかりハマってしまったのだ。

事件そのものはもちろんだが、裁判官や検察官、弁護人、証人など、裁判に関わる人間たちにもそれぞれの持ち味があるため、見ていて飽きることがない。なかでも、裁判における主役とも言える被告人には、めったにお目にかかれないほど強力なキャラクターの持ち主が多い。

殺人事件などの重大事件だけじゃなく、新聞にも載らない小さな事件でも、本人にとっては重大事。罪を認めた者は少しでも軽くなりたいし、否認した者はなんとか無実（？）の罪を晴らしたいからそれぞれ必死なのだ。

その思いが、ときとして奇妙な言動を生んでしまう。そして、それはぼくのような不真面目《ふまじめ》な傍聴人にとってめっぽう面白い。ということで、傍聴席から見たヘンな容疑者たちのことを、いくつか書いてみたい。

その主張はどうなんだ？

まず、強引すぎる弁明。これは強姦《ごうかん》やチカンなど、明確な証拠が残りにくい事件で多い。

たとえば、居眠りしている女子高生のスカートの中が見える写真を撮影したけど、それは女子高生を撮ったらたまたまスカートの中が写っただけのことで、下着を写すことが目的ではなかったのだから無罪だとする主張。そんなことを言っておきながら、他の乗客から盗撮を指摘された瞬間、写真を撮った携帯電話をブチ壊して証拠隠滅を図っているんだけどね。

そういう困った被告人のなかでも記憶に強く残っている名セリフがある。事件は、キャバクラのスカウトマンが交際相手の女子大生から別れ話を持ち出され、暴力を振るった末、強姦したというもの。追い詰められたカタチの被告人側が、起死回生の一発を狙《ねら》って反撃に出たシーンだ。被告人の弁護人が言う。

「被告人は強姦をしておりません。なぜなら……」

自信にあふれたセリフに、ぼくは思わず身を乗り出した。被害者である女性の言い分は具体的で説得力があり、容疑者である被告人が強姦をしたことはほぼ確実だと思っていたからだ。それなのに強気な無実の主張。強力な証拠でもあるのか。傍聴席の注目を一身に集め、弁護人が後を続けた。

「なぜなら、被告人は真性包茎であるため、女性のリードなしではセックスができないからです！」

おいおい、深刻な真性包茎が原因でセックスそのものができないというならまだしも、女性の協力があったらＯＫなのか。つまり、被告人が被害者とセックスしたのは、それが和姦であり、むしろ女性が積極的だったから無実だという理屈だ。うーん、それはあまりに都合が良すぎるのでは。案の定、裁判官は「いちおう聞いておきましょう」という程度の反応。一発逆転への賭《か》けは不発に終わった。

窃盗では、ハッと気がついたらバッグに品物が入っていたという定番の言い訳がある。そんなの誰が信用できるかって話だが、被告人は真剣な顔で言う。

「私も本当に不思議でしょうがないんですが……入っていたんです」

その言い方はいかにもわざとらしくて、小学生の学芸会レベルの演技力。誰も真剣に耳を傾けたりはしない。それでも本人にとってはここが勝負所。高齢で仕事の当てもなく、身元を引き受けてくれる知人もおらず、家族でさえ傍聴にこない、〝ないないづくし〟の状態であれば、罪を認めることが執行猶予《ゆうよ》なしの実刑につながる可能性は高くなる。

「冷静に質問に答えてくださいね」

という弁護人の声も、耳には入らない。拘置所で考え抜いたクライマックスに向けて、被告人の演技はエスカレートするばかりだ。

これが、たいていは同じなんだなあ。涙である。

「私は……私は……（このへんで泣きの態勢になる）、やっておりません！（号泣）」

しょっちゅう同じような光景に遭遇するからだろう。ぼくは、この戦法が功を奏した裁判を見たことがない。

被告人にとっては一世一代の演技が、裁判官にとってはよくあるサル芝居なのだ。ぼくはすべての裁判官が優れているとも信頼できるとも思わないが、被告人の心を見透かす眼力については、常人よりもはるかに研ぎ澄まされていると感じる。被告人や弁護人の熱っぽい発言に心を揺さぶられているとき、アクビをかみ殺すような裁判官の表情を見て我に返ることがよくあるのだ。で、検察官の反論を聞いて、なるほどそういうことか、やっぱりやっているよなと思い直すこともたびたびである。

懸命な被告人とクールな裁判官。両者のギャップがかもしだす間延びした雰囲気は、裁判ならではの味わいだろう。でも、どうにかして罪を逃れたいという被告人の行動には、憎みきれない愛嬌《あいきょう》を感じてしまう。

もっとも、覚醒剤《かくせいざい》だとこうはいかない。

「私のバッグに入っていたことは認めます。ですが、私はシャブやらないんだから。やらない人間がどうして持っているんですか、裁判長」

警察官にハメられた、敵対するグループのワナにかけられた、知らない男から中身を見るなと言われて預かった、遊びゴコロで買っては見たが怖くなったから使用はしていない、腕に注射痕《あと》があるのはためらい傷のようなものでトライはしたがカラダには入れていない……。

こうなると、ふてぶてしさが漂うばかり。やってるから持ってるだけでしょ、と傍聴席から有罪を言い渡したくなるってもんだ。

開き直る被告人たち

なかなか罪を認めない被告人がいる一方で、やたらと潔《いさぎよ》く罪を認める被告人がいる。人によっては裁判の冒頭から謝りっぱなしだ。

罪を認めているなら謝るのは普通ではないかと思うかもしれないが、慣れない裁判で緊張している人間は、そうペラペラとは喋《しゃべ》れないもので、たいていは短い言葉で反省の意を示すのが精一杯なのである。ところが彼らは饒舌《じょうぜつ》だ。

「はい、私がやりました。深く、深く反省しております。このようなことはもう二度といたしません。はい、約束いたします。取り返しのつかないことをしてしまいました」

「もういいから、被告人は席に戻りなさい」

「いえ、言わせてください。私はもう二度とこのような……」

「席に戻りなさい！」

裁判官にたしなめられたりしている。

やたらと潔い被告人には2種類いて、ひとつはその実、まったく反省していないタイプ。前科も多く、自分の罪がどのくらいの刑になるかも熟知しているため、実刑が避けられないとなればとにかく謝るが勝ちと、頭を下げまくるのだ。

これがもっと進むと、裁判などどうでもいいから一刻も早くムショに入れてくれという態度になる。シャバにいても仕事も金もないのなら、3食付きの刑務所にいるほうがマシだというわけだ。宿無し生活は冬がつらいから、それを見越して秋口になると窃盗や不法侵入をやって自首してくるツワモノまでいる。

盗んだクルマでスピード違反。交番の前の交差点の真ん中でわざわざ止まり、そのまま自首したオヤジは、事情を聞こうと優しく尋ねる裁判官にムショ入り熱烈希望を願い出たりするのである。

「できれば、なるべく長い刑にしてください」

素直な物言いに、被告人の切実な気持ちが表れているようで、このセリフには傍聴席でもらい泣きさせられた。

もうひとつのタイプは性犯罪者に多い。タチが悪いと、死刑判決など下せないのを承知で死刑を望み、裁判官をからかう輩《やから》までいる。

自分はロリコンで、この性癖は死ぬまで直らない。何度摑《つか》まって刑務所に入ろうと、出所すればまた子供を襲う。自分のような人間を野放しにしていては危険すぎるというのだ。まったく、あんたに言われたくはないよという感じである。

「だから裁判長、死刑にしてくださいよ。おれは出たらまたやる。それは間違いない！」

ぼくが見た被告人では、一審で下された無期懲役の判決を不服として控訴し、高裁で薄ら笑いを浮かべながら、死刑にしろと直訴した男がもっともタチが悪かった。

棄却されるのが目に見えているのに、あえて控訴。その姿は、自分の性癖に悩み苦しんで死を望むものではなく、単にヤケッパチになっているとしか思えなかった。まあ、異様な迫力だけはあったが。

法廷こそ我が舞台

無銭飲食から被害総額が億単位の金融事件まで、バラエティに富んでいるのが詐欺《さぎ》事件だ。刑事裁判の数も、窃盗や大麻取締法違反、覚醒剤所持、不法滞在などに次いで多い。

公判予定表には事件の大小に拘《かかわ》らず詐欺としか記されないため、どんな事件だろうと期待していったらショボい釣り銭詐欺でした、なんてこともしょっちゅう。当たりはずれの大きいジャンルなのだ。

それでもぼくが〝打率〟の低い詐欺事件をついつい見てしまうのは、ときどき、人間の欲望を手玉に取った鮮やかな手口を知ることができるから。ありもしない政治家の学閥団体をでっちあげてまんまと親たちをダマシた裏口入学詐欺、あっと言う間に高い利息がつくと偽ってなけなしの金を吐き出させる投資詐欺など、ひどい犯罪であることは言うまでもないが、巧みな心理操作に舌を巻くのだ。創意工夫という点では、このジャンルがずば抜けている。

ここ数年では、新聞やテレビでさんざん報道されたニセ有栖川宮《ありすがわのみや》の結婚パーティーが、スケールの大きな着想といい、一杯食わされた人々の顔ぶれといい、群を抜いていた。簡単にいうなら、現在は存在しない有栖川宮という皇族になりすましたカップルが、各界の有名人を披露宴に招待し、ご祝儀《しゅうぎ》を失敬したのがバレて御用となった事件である。

奇抜なアイデアのほうが、かえって人はダマシやすいといわれるが、まさにそれを地で行く詐欺事件。血も流れていないし、全財産を失った人もおらず、被害者である著名人たちも不名誉なカタチであれ話題になって損はない。全国の野次馬としても、名誉欲で有頂天になった有名人のこっけいな姿は格好のひまつぶしの材料であり、かなり楽しんだはずだ。皇族の方々にとってはとんだ迷惑だったとしても、世間的にはたいした被害もない、娯楽性に富む事件だったのである。

しかし、この事件でもっとも娯楽性が高かったのは、裁判ではなかっただろうか。

さんざん騒いだマスコミも、裁判が開始されてしばらくすると新しいネタもなくなって報道しなくなってくる。世間的にはすでに一件落着。あとは判決時にもうひと盛り上がりすればいいというところだろう。が、じつはここから被告人としてのパフォーマンスは、ますます磨きがかかってくるのである。

主役は幻の〝宮様〟である夫ではなく、奥方のほうだ。

奥方は事件当時、夫が宮家の男性だと信じていた。だから詐欺の片棒を進んで担《かつ》いでいたのではない、という立場。しかも、いまだに夫のことを信じていて、詐欺などしていないと一貫して主張している。夫のほうの血筋を調べれば皇族でないことは明らかなのだから、奥方が何も知らないとすれば結婚詐欺の被害者でもあるのだが、いまのところ夫と争う図式にはなっていない。まあ、この原稿を書いている時点で裁判は進行中だから先の展開はわからないし、ぼくにとってそんなことはどうでもいい。なんだか争点がハッキリしない、奇妙な事件とだけ言っておこう。

それより注目したいのは、どんどんエスカレートする奥方の動きなのだ。

傍聴券が発行された初期の公判から、奥方の言動は相当エキセントリックだったようだし、そのことが話題にもなった。あいにく傍聴できなかったぼくが、ようやく傍聴できたのは、騒ぎが収まった頃。前回の公判で、奥方が倒れ込んだり叫んだり、派手なパフォーマンスを見せたと噂《うわさ》になっていたので、期待を胸に傍聴席に着く。

待つこと数分で扉が開き、〝宮様〟が先に登場。続いて薄いピンクのスーツに身を包んだ奥方が現れたのだが、すでに両目に涙をため、手を大きく伸ばして虚空《こくう》をつかむような仕草を見せている。足元はおぼつかず、一歩一歩、右に左によろけながら、スローモーションのように舞っている。

まるで、ひとりアングラ演劇だ。

しかも、被告人席までもう少しというところで、お約束の倒れ込み。慌《あわ》てて起こす地味な制服姿の刑務官との対比も見事で、登場してから数十秒にも拘らず、場の空気をわしづかみにしてしまった。

もともと美人なので、やせたことや目立つようになった白髪も悲壮感につながり、迫力を生んでいる。早い話、絵になるのである。

演技力のある被告人もいないわけではない。ハッとするような美人だってたまにはいる。けれど、両方を兼ね備え、陰惨さがなくて気軽に見られる裁判の主役はそうそういない。

また、期待を裏切らないんだなあ。その後も、奥方は突然叫んだり、泣きわめいたり、場がダレそうになるとすかさずヘンな動きを見せて傍聴人を釘付《くぎづ》けにしていった。もし演技だとすれば、ヘタな女優などかなわない水準。無表情を貫き通す〝宮様〟は、どんな気持ちでこれを眺めているんだろう。

世にも奇妙な証人たち

事件そのものが持つ奇抜さと話題性。〝宮様〟（ニセだけど）の落ち着きを失わず成り行きを見つめる夫。審理の進行を妨害しつつギャラリーの注目を集める奥方。それに加え、この事件で脇役《わきやく》たる証人も十分にうさんくさい。

この日は2人の証人が呼ばれていた。ひとりは台湾人の画家。奥方の友人ということなのだが、検察官の質問によって、たった1度しか会ったことがないのがわかってしまう。しかも、それは画家の個展。奥方は絵を気に入り、披露宴に招待する。

「あなたは結婚祝いに、絵をプレゼントしていますね。あなたの絵はいくらぐらいするのですか」

「売るときは1号あたり100万円です」

「とすると、プレゼントした絵は1千万円ほどですか。あなたは1度しか会ったことのない被告人に常識外のプレゼントをした。なぜですか？」

検察官は巧みに、絵の値段は画家が決めているだけで、画壇で認められているわけではないことを認めさせ、皇族に取り入る狙《ねら》いで絵を贈ったことを匂《にお》わせる。最初は余裕を見せていた画家の狼狽《ろうばい》ぶりは明白で、だんだん日本語まで乱れてきた。

「ワタシとカノジョ、トモダチですね。トモダチ、値段関係ないね」

どうやら勝負はついたようだ。

トドメはホテルを経営する高齢の紳士である。紳士は、以前から奥方との付き合いがあり、その縁で〝宮様〟に紹介されたという。

「落ち着いた物腰の方で、恥ずかしいことですが、まったく疑いの気持ちを持ちませんでした」

検察官が、奥方は元ホステスで、そのときの客として知り合ったあなたなら、皇族が水商売の世界にいた女性と縁組みするのを不審に思わなかったかと尋ねたときもガタつかない。皇族とはいえ遠縁であり、最近はずいぶんフランクになっていることから、女性の過去は問わないのだと解釈したと答える。

長年知っている女性が結婚する相手が皇族だっただけで、相手が誰であれ、祝う気持ちでパーティーに出席した。これはこれで筋の通った説明だ。上品そうな佇《たたず》まいといい、紳士に欲に駆られた気配はどこにもない。

「それだけではないでしょう。あなたが経営するホテルは昔、天皇陛下が宿泊されたと聞いています」

「ええ、過去にそのようなこともありましたので、自分も招待にあずかったのか、それなら名誉なことだから出席しようと言う気持ちも正直言ってございました」

しかも、紳士は詐欺だとわかっても怒りの気持ちはそれほどないとまで言い、彼女も被害者の一人だというニュアンスを込めて奥方の性格をほめたたえた。

鉄壁の守備だ。このままでは、検察側の不利である。が、ここまではすべて撒《ま》き餌《え》だったのだ。検察官が確認するように尋ねる。

「皇族の披露宴に呼ばれるのは、それにふさわしい人ですよね。あなたは自分もその一員として選ばれたと理解したわけですね」

「さきほど話したような経緯もありますし、そう思いました。だから、披露宴に芸能人が多くきているのを見たときは、おかしいなと感じたんです」

ここで一呼吸置いた検察官は、急に言葉遣いを変えた。

「あなた、自分はふさわしい人間だというけどね、いまあなたが経営しているホテルがどんなところか私は知っていますよ。SM専門のホテルじゃないですか！　そのどこが、招待されるにふさわしいんですか！」

一撃必殺とはこのことだ。さっきまでの紳士ヅラはどこへやら、途端に取り乱す証人。裁判でもっともスリリングなことは、殺人犯に死刑の判決が下されることではなく、人間が被《かぶ》っている仮面がはぎとられる瞬間を目撃できることだと思う。こういうことがあるから、裁判の傍聴はやめられないのだ。

閉廷後、怒りの収まらない奥方は、悲鳴を上げながら刑務官に連れられていった。その声はけっして不快ではなく、次回も見に来てねと誘われているような気持ちになる。この裁判がどう決着するのかわからないが、奥方には一日も早く社会復帰してもらい、テレビや雑誌でその才能を発揮して欲しいもんだ。

裁判所を出て電車に揺られ、帰路につく。同じ車内には大勢の人が乗っている。この人たちはどんな仕事をしているんだろう。危なっかしい仕事をしている人やマジメ一筋の人がゴチャゴチャ入り混じっている現実は、なんだかんだいってリアルで面白い。

以前、傍聴マニアの人が、裁判を見始めてからめっきりドラマを見なくなったと言っていたのを思い出した。考えてみたら、ぼくも長らくテレビドラマを見ていなかった。

あとがき

何年か前まで、社会の裏側でしたたかに稼いでいる、怪しい仕事人を取材すること が多かった。やっていることは犯罪なのかもしれないけれど、そういう〝お仕事〟に は必ずといっていいほど独自のアイデアやシステムがある。組織というバックを持た ない一匹狼《おおかみ》であればなおさらで、創意工夫にあふれた彼らの話がぼくには新鮮だっ た。

だが、テレビや雑誌で彼らの手口が広く知られるようになったことや、「〇〇屋」 という呼び名は新しくても、中身は以前からあったものの焼き直しであるような〝お 仕事〟が増えてきたことで、そのジャンルへの興味は次第に醒《さ》めてしまった。

代わりに浮上してきたのが、「こんな稼ぎ方があったのか」と唸《うな》ってしまう〝お仕 事〟である。犯罪ではないけれど、普通なかなかそこまではしないようなことを平然 と、あるいは天職とばかりにやっている方々がいるのだ。それらは、知っていそうで意外と知られていない職業でもある。

そんな〝お仕事〟の具体的な中身を知りたいなら、しつこく話を聞くしかない。話を聞くより体験したほうがよくわかると思ったときには、探偵の調査に同行したり、超能力開発セミナーに参加したり、新聞拡張員として働いてみたりした。社会がこうだから、などと分析するより、ぼくは自分の目や耳で確かめたいタイプの人間なのだ。

雑誌に発表した文章に、書き下ろしを加えて文庫にするプランは3年ほど前に持ち上がったのだが、なかなか「これは！」という〝お仕事〟にめぐりあえず、執筆にはずいぶん時間がかかってしまった。実際、途中で何度も息切れしかかったのだが、そんなときに粘り強く催促してくるのが、新潮社の青木大輔氏だった。

「ここまでやったのだから、がんばって出しましょう！」

そして彼は、励ましつつも最後には突き放すのである。

「私には何の（取材先の）アテもありません。経費もジバラでお願いします。では、楽しみに待ってます」

素直にがんばればいいのか、ふてくされるべきなのか、よくわからない催促だったが、えっちらおっちら、取材相手は増えていった。

汁男優は相変わらず男優になることを目標に元気に〝本数〟をこなしているようだし、主婦モデルはますます露出度をアップしつつ写真集の売り上げをのばしている。メルマガ・ライターの勢いもまだ衰えず、もくろみ通り当分はこれで食べていけそうな気配。ダッチワイフ製造業者は今日も新製品の開発に余念がないことだろう。

いやー、皆さんもう勝手にやっていただきたい。ぼくとしては、まかり間違っても彼らの姿を法廷で見るなんてことにならないことを祈りつつ、このへんで筆を置かせていただこう。

２００６年３月　　北尾トロ

初出一覧

万引きバスター、驚きの実態……「平成の裏仕事師列伝」（鉄人社）
「浮気調査承ります」私立探偵たちの素顔と現実……「探偵の本」（三才ブックス）
まさにプロ!? 警察マニア……「ラジオライフ」（三才ブックス）
信じる者は救われない!? 超能力開発セミナー講師……
「裏モノの本」（三才ブックス）
人呼んで、裏人形師――ダッチワイフ製造業者……
「裏仕事師の本・傑作選」（三才ブックス）
新聞拡張団に入ってみた。……「裏アルバイトの本」（三才ブックス）
右記以外は、すべて本書のために書き下ろされました。

北尾トロ著

怪しいお仕事！

違法ポーカー、裏口入学、野球賭博、寺院売買まで――。すべての欲望をメシのタネにする仕事師たち。彼らの仕掛けるカラクリとは。

有栖川有栖著

作家の犯行現場

断崖、廃墟、樹海、洋館。著名なミステリーの舞台となった22の「現場」が放つ戦慄のオーラを、写真と共に捉えた異色の紀行エッセイ。

阿川佐和子ほか著

ああ、恥ずかし

こんなことまでバラしちゃって、いいの!? 女性ばかり70人の著名人が思い切って明かした、あの失敗、この後悔。文庫オリジナル。

澤口俊之
阿川佐和子著

モテたい脳、モテない脳

こんな「脳」の持ち主が異性にモテる！ 気鋭の脳科学者が明かす最新のメカニズム。才媛アガワもびっくりの、スリリングな対談。

秋庭俊著

帝都東京・隠された地下網の秘密

地図に描かれた東京の地下は真実か？ 資料から垣間見える事実を分析し、隠蔽された帝都の正体に迫る。傑作ノンフィクション。

糸井重里監修
ほぼ日刊イトイ新聞編

オトナ語の謎。

なるはや？ ごごいち？ カイシャ社会で密かに増殖していた未確認言語群を大発見！ 誰も教えてくれなかった社会人の新常識。

いとうせいこう著

ボタニカル・ライフ
―植物生活―
講談社エッセイ賞受賞

都会暮らしを選び、ベランダで花を育てる「ベランダー」。熱心かついい加減な、「ガーデナー」とはひと味違う「植物生活」全記録。

池澤夏樹編

オキナワ
なんでも事典

祭り、音楽、芸能、食、祈り…。あらゆる沖縄の魅力が満載。執筆者102名が綴った、沖縄を知り尽くす事典。ポケットサイズの決定版。

岩中祥史著

博　多　学

「転勤したい街」全国第一位の都市――博多。独特の屋台文化、美味しい郷土料理、そして商売成功のツボ……博多の魅力を徹底解剖！

池田晶子著

帰ってきたソクラテス

史上最強の論客が甦った⁉　現職代議士、学者、評論家らと繰り広げるスリリングな討論バトル。平成ニッポンを斬る、究極の対話集。

いかりや長介著

だめだこりゃ

ドリフターズのお化け番組「全員集合」の裏話、俳優転進から「踊る大捜査線」の大ヒットまで。純情いかりや長介の豪快半生を綴る‼

泉　昌之著

新　さ　ん

居酒屋での馬鹿話を愛し、曲がったことが大っ嫌い。ご近所の人間機関車＝新さん。愛すべき男の純情で過剰な日常を描く爆笑漫画。

今尾恵介著

地図を探偵する

新旧2種類の地図を見比べ、旧街道や廃線跡を歩く。世界中の鉄道記号を比較する――。地味に見える地形図を、自分流に愉しむ方法。

内田幹樹著

機長からアナウンス

旅客機パイロットって、いつでもかっこいいの？　離着陸の不安から世間話のネタ、給料まで、元機長が本音で語るエピソード集。

太田和彦著

ニッポン居酒屋放浪記
立志篇

日本中の居酒屋を飲み歩くという志を立て、東へ西へ。各地でめぐりあった酒・肴・人の醍醐味を語り尽くした、極上の居酒屋探訪記。

太田和彦著

超・居酒屋入門

はじめての店でも、スッと一人で入り、サッときれいに帰るべし――。達人が語る、大人のための「正しい居酒屋の愉しみ方」。

桂文珍著

落語的笑いのすすめ

文珍師匠が慶大の教壇に立った！「笑い」を軸に分析力、発想力を伝授する哲学的お笑い論。爆笑しながらすらすらわかる名講義。

小泉武夫著

不味い！

この怒りをどうしてくれる。食の冒険家コイズミ教授が、その悲劇的体験から「不味さ」の源を解き明かす。涙と笑いと学識の一冊。

本上まなみ著

ほんじょの虫干。

大の本好きで知られるほんじょが綴る、自由気ままな本のエッセイ。ギリシア旅行記には写真とイラストがたっぷり。自作の短歌も。

松本修著

全国アホ・バカ分布考
―はるかなる言葉の旅路―

アホとバカの境界は？　素朴な疑問に端を発し、全国市町村への取材、古辞書類の渉猟を経て方言地図完成までを描くドキュメント。

松田哲夫著

編集狂時代

オタク少年が「編集」に出会い、そのヨロコビを知る――活字中毒じゃなくてもオモシロイ、好きなことを仕事にしてきた男の半生記。

幕内秀夫著

粗食のすすめ

アトピー、アレルギー、成人病の蔓延。欧米型の食生活は日本人を果たして健康にしたのか。日本の風土に根ざした食生活を提案する。

松木直也著

ミクニの奇跡

海岸に寝泊りしながら、三ツ星レストランで腕を磨いた日もあった。北海道の自然児が、フランス料理で世界にその名を響かせるまで。

松田公太著

すべては一杯のコーヒーから

金なし、コネなし、普通のサラリーマンだった男が、タリーズコーヒージャパンの起業を成し遂げるまでの夢と情熱の物語。

宮沢章夫著
牛への道
新聞、人名、言葉に関する考察から宇宙の真理に迫る。岸田賞作家が日常の不思議な現象の謎を解く奇想天外・抱腹絶倒のエッセイ集。

宮沢章夫著
よくわからないねじ
引出しの中の正体不明のねじはいつか役に立つのか?? 等々どーでもいい命題の数々に演劇界の鬼才が迫る、究極の脱力エッセイ集。

養老孟司
南伸坊著
解剖学個人授業
ネズミも象も耳の大きさは変わらない!? えっ、目玉に筋肉? 「頭」と「額」の境目は? 自分がわかる解剖学――シリーズ第3弾!

河合隼雄
南伸坊著
心理療法個人授業
人の心は不思議で深遠、謎ばかり。たまに病気になることも……。シンボーさんと少し勉強してみませんか? 楽しいイラスト満載。

宮嶋茂樹
勝谷誠彦構成
不肖・宮嶋 南極観測隊ニ同行ス
どの国にも属さず、交通機関もなし。ホテルもなんにもない極寒の大陸に突撃! 百戦錬磨の特派カメラマン、堂々の南極探検記。

宮嶋茂樹著
不肖・宮嶋 ちょっと戦争ボケ
上1989~1996
下1996~1999
戦場初体験は28歳、戦火のルーマニア。以降、銃声と硝煙を追い求め、血と涙と汗にまみれてシブい写真をものにした、10年間の集大成。

水木しげる著

ほんまにオレはアホやろか

子供の頃はガキ大将で妖怪研究に夢中で、入試は失敗、学校は落第。そんな著者が「鬼太郎」を生むまでの、何だか元気が出てくる自伝。

本山賢司著

[図解]さかな料理指南

男の料理は、簡単手軽が大事。魚の目利きから、おろし方、焼き方、味付まで、妙技の数々をイラストで明快伝授。秘伝レシピ満載。

湯浅健二著

サッカー監督という仕事

「規制と解放」「クリエイティブなムダ走り」を手がかりに、プロコーチの目線で試合を分析、監督業の魅力を熱く語る。大幅加筆！

河合隼雄
吉本ばなな著

なるほどの対話

個性的な二人のホンネはとてつもなく面白く、ふかい！　対話の達人と言葉の名手が、自分のこと、若者のこと、仕事のことを語り尽す。

米原万里著

不実な美女か貞淑な醜女か

読売文学賞受賞

瞬時の判断を要求される同時通訳の現場は、緊張とスリルに満ちた修羅場。そこからつぎつぎ飛び出す珍談・奇談。爆笑の「通訳論」。

渡辺満里奈著

満里奈の旅ぶくれ
―たわわ台湾―

台湾政府観光局のイメージキャラクターに選ばれた〝親善大使〟渡辺満里奈が、台湾の街、中国茶、台湾料理の魅力を存分に語り尽くす。

危《あぶ》ないお仕《し》事《ごと》！

新潮文庫　き－28－2

平成十八年六月一日発行
平成十八年十一月五日三刷

著者　北《きた》尾《お》トロ

発行者　佐藤隆信

発行所　株式会社 新潮社

郵便番号　一六二―八七一一
東京都新宿区矢来町七一
電話 編集部(〇三)三二六六―五四四〇
読者係(〇三)三二六六―五一一一
http://www.shinchosha.co.jp

価格はカバーに表示してあります。

乱丁・落丁本は、ご面倒ですが小社読者係宛ご送付
ください。送料小社負担にてお取替えいたします。

印刷・図書印刷株式会社　製本・株式会社大進堂

ISBN4-10-128252-8 C0136